走进书中,聆听她们的故事

流光似锦
优雅一生

# 张氏四姐妹

吴韵汐 著

万卷出版有限责任公司
VOLUMES PUBLISHING COMPANY

**图书在版编目（CIP）数据**

张氏四姐妹：流光似锦 优雅一生 / 吴韵汐著.
沈阳：万卷出版有限责任公司, 2025. 8. -- ISBN 978
-7-5470-6834-2

Ⅰ．K828.5

中国国家版本馆CIP数据核字第2025KU4529号

出 品 人：王维良
出版发行：万卷出版有限责任公司
　　　　　（地址：沈阳市和平区十一纬路29号 邮编：110003）
印 刷 者：辽宁新华印务有限公司
经 销 者：全国新华书店
幅面尺寸：145 mm×210 mm
字　　数：150千字
印　　张：7.75
出版时间：2025年8月第1版
印刷时间：2025年8月第1次印刷
责任编辑：朱婷婷
责任校对：郑云英
装帧设计：张 莹
ISBN 978-7-5470-6834-2
定　　价：39.80元
联系电话：024-23284090
传　　真：024-23284448

常年法律顾问：王　伟　版权所有　侵权必究　举报电话：024-23284090
如有印装质量问题，请与印刷厂联系。联系电话：024-31255233

# 序言

飞花入梦，开启一段锦瑟流光。她们从岁月深处款款而来，衣香鬓影一如当初。

她们虽是同胞姊妹，却性格迥异。昆曲是她们共同的爱好，那些高亢哀婉的旋律里，沉淀了无数的日升月落与人世沧桑，她们不仅爱听昆曲，更喜欢亲身演绎，用自己的喜怒悲欢去诠释曲中人物的情仇爱恨。

叶圣陶曾说："九如巷张家的四个女孩儿，谁娶了她们都会幸福一辈子。"这四个女孩儿，便是张元和、张允和、张兆和与张充和。在那段兼具韵味与动荡的岁月里，她们精彩而优雅的人生如花般绽放，惊艳了百余年的历史。

大小姐元和犹如一朵雍容绽放的牡丹。她看起来性情孤傲，内心却热深如火。牡丹经历一冬的霜寒才迎来华美绽放的春天，张元和也同样经历了生活的寒冬，才收获了渴望已久的幸福与美满。无论是与继母的矛盾，还是与亲生母亲生离之痛，抑或是战火纷飞中的亲人离散，这些伤痕都刻在她的记忆里，随着那些悠扬婉转的曲调缓缓唱出。人们只看到牡丹之美，并冠之以富贵，却少有人看到牡丹背后的坚持与隐忍。她挚爱昆曲，并因昆曲而打破世俗的偏见，勇敢地与顾传玠走进婚姻的殿堂，齐眉举案，一生相扶相携。

二小姐允和犹如一树如火如荼绽放的凤凰花。她性情活泼奔放，是家族里永远的乐天派。她敢于大胆地追求自己想要的幸福，当恋人周有光怯怯地对她说"我很穷，怕不能给你幸福"时，她自信而坦诚地说道："幸福是要自己去创造的。"他们走过无数的风雨，生离与死别在岁月里沉淀成催人泪下的故事。凤凰花开得绚烂，却象征着离别，恰似张允和的一生，经历了太多的离别。未及长大，母亲便撒手人寰；父亲的离世，让她悲痛欲绝；小女儿之死，更让她心碎不已……

三小姐兆和仿若一树寒梅。她沉默而理智，不喜欢那些脱离现实的浪漫情结。她有自己的骄傲与坚强，即便婚姻遭遇了不曾预料的寒冬，也依然坚守着自己的原则。她与沈从文的爱情故事历来为人们津津乐道，虽然吵吵闹闹、分分合合，最终还是相依相伴，白头到老。她像一树寒梅傲然绽放，从未想过去争去夺，而那纯净的冰肌玉骨，却吸引了全世界的目光。

四小姐充和则是一株袅娜的空谷幽兰。她是四姐妹中最小的一个，历来以才华著称。诗人卞之琳曾为之深情赋诗道："明月装饰了你的窗子，你装饰了别人的梦。"这个秀外慧中的姑娘曾令多少人为之痴迷，而她却宁缺毋滥，直到34岁那年遇见傅汉思，才终于嫁给了爱情。她一生钟爱旗袍，衣橱里总是挂满了色彩不同、长短各异的旗袍。她如同一株兰花般恬静优雅，纵是美人迟暮，依然光彩照人。

岁月潋滟，映照着那些年的传奇。在四姐妹身上，我们看得见历史的悠然古韵，也看得见现代的时尚新潮。她们认真地年轻过，也优雅地老去了，精彩而丰盈的人生，令多少姑娘欣羡不已。

她们并没有走远，淡淡的花香里，凝结着泛黄的岁月，也浸染着当下的时光。青丝换白发，莫负好韶华。品读她们的故事，犹如品一场绚烂花事，馥郁袅娜间，得悟几番人生真谛。

# 目录

序言　　　　　　　　　　　　　　　1

## 第一章　少年锦时：
### 合肥张家的如烟往事

书香门第　　　　　　　　　　　003
四姐妹的降生　　　　　　　　　008
无忧岁月　　　　　　　　　　　018
书香里铺陈最初的人生　　　　　024
生离与死别　　　　　　　　　　037
"母女"年龄仅差七岁　　　　　　048

## 第二章　邂逅知音：
### 大小姐张元和的昆曲岁月

海霞中学　　　　　　　　　　　055
昆曲为媒　　　　　　　　　　　062
"张家闺秀下嫁戏子顾传玠"　　　070
母女生离之痛　　　　　　　　　077
未出梨园　　　　　　　　　　　079
暮年拾梦　　　　　　　　　　　082

1

**第三章　缔造幸福：**
　　　**二小姐张允和的勇敢与从容**

　　大学岁月　　　　　　　　　　087
　　"幸福是要自己去创造的！"　　095
　　家国难　　　　　　　　　　　103
　　战火烽烟逢旧友　　　　　　　109
　　平地起波澜　　　　　　　　　116
　　几多风雨，几多豁达　　　　　120

**第四章　笔下烟霞：**
　　　**三小姐张兆和的缱绻爱情与诗意人生**

　　沈老师写给女学生的情书　　　125
　　癞蛤蟆十三号　　　　　　　　133
　　乡下人，喝杯甜酒吧　　　　　137
　　当爱情遭遇物质的现实　　　　144
　　生别与重逢　　　　　　　　　152
　　第三者　　　　　　　　　　　163
　　迟来的理解　　　　　　　　　172

## 第五章　嫁给爱情：
　　　四小姐张充和的才情与高雅

　　归　宗　　　　　　　　　　185
　　四小姐"张璇"　　　　　　188
　　装饰了别人的梦　　　　　　192
　　助　逃　　　　　　　　　　198
　　华年为客尽，归去更相思　　202
　　傅汉思　　　　　　　　　　208

## 第六章　美人迟暮：
　　　最后的才女

　　再见已白头　　　　　　　　217
　　岁月斑驳，寸心未老　　　　220
　　永远的四姐妹　　　　　　　223

　　后　记　　　　　　　　　　227
　　附：四姐妹年表　　　　　　230

# 第一章

## 少年锦时　合肥张家的如烟往事

# 书香门第

在繁花锦簇的苏州市区,有一条沉淀了无数岁月的街巷——九如巷。与其他苏州小巷相比,九如巷并没有什么特别的,但这里却因一份特别的底蕴而香满岁月,令无数的当时人与后来人心驰神往。

九如巷三号,便是张家故居。所谓"山不在高,有仙则名",当合肥张家迁居至此,九如巷便成了一处传奇所在。

2015年的冬天,九如巷正式挂上了"张冀牖故居"的保护牌,这条古老的小巷沉默不言,微笑着接纳了一批又一批慕名而来的游客。走进九如巷,便是走进了一段书香萦绕的岁月。

故事要从清朝末年说起。20世纪初,张家是安徽合肥的名门望族。根据张家族谱记载,其祖上自江西迁往合肥南乡,又从南乡迁往西乡,世居周公山下,传至四姐妹的曾祖父张树声这一代,已是第十一世。

张树声的父亲张荫榖治学以实行为先,讲求经世致用,不屑于浮华辞藻,这对张树声乃至整个家族产生了深刻的影响。张树声有九个儿子,长子张云端(即四姐妹的祖父)曾担任过四川川东道台。由于张云端膝下无子,便从五房抱养了一名男孩儿,名字叫作张武龄(四姐妹的父亲)。

张家世代书香,也是典型的大地主家庭,当时合肥西乡的田大多是张家的,而东乡的田大多是李鸿章家的。张家有良田万顷,每年能收十万担租,可谓钟鸣鼎食。良好的经济基础为张家儿女接受良好教育提供了重要条件,张武龄教育子女的观念更是对四姐妹的一生产生了重要影响。

19世纪末20世纪初,来自西方的新思潮涌入了神州大地,在这片古老的土地上掀起了一次又一次的波澜。新与旧的激烈碰撞,在人们的世界观与人生观里留下了深刻的烙印。在新思潮的影响下,张武龄觉得自己的名字过于封建,于是自行改名为"张冀牗",又名"张吉友"。

张冀牗非常重视教育,在实业兴国的大背景下,他独资创办了乐益女中,不仅为女孩子们提供了接受教育的机会,还对贫寒人家的女儿实行免学费政策。

张冀牗的发妻——四姐妹的母亲陆英,对四姐妹也有着重要影响。陆英祖籍也是安徽合肥,由于父亲在扬州做盐务官,因此随父亲一起到了扬州。陆英是家里的二小姐,她容貌秀美、贤良能干，年纪不大就帮助母亲料理家务。这个美名远扬的姑娘吸引了张云端的注意，于是他托媒人为养子张冀牖订下了这门婚事。

彼时张冀牖还是个17岁的少年，张家也还没有搬到九如巷，而是住在龙门巷。在那个年代，世家大户的婚礼是非常隆重的，陆英的母亲为了能让女儿风风光光地出嫁，竟花了整整一年的时间来置办嫁妆。婚期将近时，陆府雇用船只将这些嫁妆从扬州一路运送到合肥。新婚之日，前来喝喜酒的宾客们为这丰厚的嫁妆震撼不已。据说送嫁的队伍竟然排出去十条街那么远，光是昂贵的紫檀木家具就有好几套，它们不仅摆满了新房里，也摆在了大堂、二堂。除了这些大物件，金银珠宝更是数不胜数。陆英喜欢翡翠，因此她的母亲特意为她准备了各式各样的翡翠首饰。丰厚的嫁妆几乎囊括了生活所需要的一切物品，比如成套的扫帚、簸箕，每把扫帚上都挂了一根纯银链条。

按照当地的习俗，新婚之日要杀杀新娘的威风，因此当陆英的花轿抬到张家大门口时，张家大门紧闭，而最好的开门钥匙，自然是红包。

千百年来，男尊女卑是世代流传的观念，虽然彼时社会已在逐渐开化，但女人的地位并非短时间内就能改变的。

对于这个习俗性的环节，陆英的娘家当然早就做好了准备。伴娘、喜娘们用数额不小的红包打点之后，大门才吱呀呀打开,进了大门之后是二堂,这里依然是个关卡,她们照例用红包打点,终于"闯关成功"了。

婚礼上的礼数非常多,待这些礼数一一行过,新娘子终于坐到了婚床上,等待着掀盖头的时刻。

这是最令人期待的环节,众宾客早就听说陆英容貌倾城,都想一睹芳颜,看着媒婆拿着挑盖头的秤杆,都急迫又兴奋。

媒婆一面拿秤杆缓缓地挑起新娘子的红盖头,一面口中念念有词道:"小小秤杆红溜溜,我替新人挑盖头。盖头落床,子孙满堂;盖头落地,买田置地……"

盖头掀起的那一瞬间,空气仿佛凝固了几秒钟,人们忘了欢呼、忘了祝福——新娘子太漂亮了,尤其是那一双微微上挑的凤眼,清澈的目光中流露着无法掩饰的羞怯与甜美。

后来,陆英的四个女儿得到了母亲的良好遗传,每一个都顾盼神飞、姿容秀美。令人遗憾的是,这样美貌的女子却是红颜薄命,出嫁的这一年,她刚刚21岁,仅在十六年后便香消玉殒。在这十六年中,她的肚子基本没闲过,竟先后孕育了十四个孩子,其中五个夭折,留下了九个姐弟。

当然,这是后话。

婚后,陆英与丈夫感情非常和睦,同时她也是个贤惠的儿媳妇。那场盛大的婚礼渐渐成为遥远的回忆,隐匿在张家人的内心深处。曾经亲临现场的长辈们每每谈及此处,眼睛里总是闪烁着骄傲与怀念的光辉,而无缘亲临的后辈们则只能凭着长辈们的描述在心中想象。

这户备受瞩目的书香门第不仅散发着淡淡的墨香,更洋溢着时代的气息。陆英嫁入张家,将为张家绽放一个新的时代,许多人的传奇故事,也将由此开启。

## 四姐妹的降生

张云端的妻子未曾生育,只有小妾诞下一个女儿,张冀牖过继过来,自然承担着延续香火的重任。当陆英嫁到张家,这个重任便落在了她的肩上。

婚后不久,陆英不负众望有了身孕,张家上上下下无不欢喜,一辈子不曾生育过的婆婆对她的照顾更是无微不至。时间一天天过去,陆英的小腹渐渐隆起。1907年11月26日,一声婴儿的啼哭从张家内院传出,全家上下欢欣不已。

虽然是个女孩儿,但是大家依然格外高兴——孩子可以再生,男孩儿总会有的。

这是张冀牖的第一个孩子,因此取名"元和","元"为"首",有"第一"之意,而且"元"字的最后两笔犹如一双腿,既然是女儿,总有一天是要走出去嫁给别人的,因此张家女儿的名字里都带这样类似"腿"的笔画。

终于做了奶奶的婆婆非常高兴，对小元和宠爱备至。即便后来又有了其他孙女、孙子，她还是最宠爱元和。初为人母的陆英小心翼翼地哺育着女儿，同时也悄悄做好了孕育下一胎的准备。她知道，这仅仅是一个开始，她要用自己的一生来为丈夫延续香火，实现张家子孙满堂的愿望。

元和刚刚断奶，就被抱到奶奶房里抚养了，每天的早饭和午饭，都是由仆人送到楼上的厢房去，只有元和才能和奶奶一起吃饭。即便后来有了其他孩子，这个习惯依然保留着，因此在弟弟妹妹们眼中，长姐身上总是有一种莫名的神秘感。

严格意义上来说，小元和还没有真正地断奶，只是不再吃母亲的奶水而已。家里特意为她请了"干干"（当地对奶妈的称谓），元和一直到5岁才算真正断奶。干干姓万，是个寡言少语又勤快能干的女人，长方脸，皮肤白皙，拥有着整齐洁白的牙齿，她视元和如己出，而元和也亲切地唤她为"妈"。

老人总是宠溺孩子，小元和便是在奶奶的宠溺中一天天长大的。即便后来有了其他孩子，她依然是最受宠的一个，甚至享有"打骂豁免权"，因此幼年的元和颇有几分大小姐的架势。有一次，小元和与万干干并排坐在床上，小元和无缘无故地打了万干干的手背，万干干虽然宠爱小元和，但礼仪教养还是要教给她的，因此便故作嗔怒地在小元和手背上轻轻回敬了一下，小元和见状很是生气，立即又打了一下，于是主仆二人便你一下、我一下地"打"了起来,这样持续了很久,最后小元和怒气冲冲地说道:"我上楼告诉大奶奶!"

不过,万干干非常了解小元和的性情,知道她不可能真的去告状,因此也不阻拦她。果然,小元和最后只是坐在楼梯上生闷气,并没有跑去告状。

万干干帮元和掌管房间,她经常坐在矮凳上陪着元和玩耍。小元和常常玩一会儿玩具,就跑向万干干那里吸上几口奶水。在元和的记忆中,幼年总是有各种好玩的玩具——能扇动翅膀的洋铁彩色蝴蝶、能沿着椭圆形轨道跑来跑去的小火车,以及各种各样罕见的西洋玩具。万干干心灵手巧,还特意用火油箱改制了一个盖子可以掀起来的箱子,将那些玩具都整整齐齐地放在里面,每次玩的时候拿出来,玩完后就放进去,玩具虽多,却从不允许乱放。

常言道:溺子如杀子。张家的教育令人羡慕,更令人钦佩。大人们虽然对小元和多有宠溺,但并非没有节制地溺爱。她诗书礼仪样样不差,甚至还学会了很多实践技能。

女儿一天天长大,陆英也做好了孕育新生命的准备。1908年的秋天,她再度有了身孕。光阴似箭,1909年7月25日的早上,她诞下一名女婴。

元和出生时带着响亮的啼哭,而这个孩子的出生,却是沉默无声的。婴儿脐带绕颈三圈,生下来时,由于窒息太久已经浑身发紫。接生婆赶紧将脐带解开,然后倒提着这个不足四斤的小家伙拍打起来，以期将其救活。

婴儿仿佛没有痛感，依然纹丝不动，没有任何生命迹象。

大家又七手八脚地用冷水和热水交替着浇婴儿的前胸和后背，可婴儿似乎对冷热也没有感觉。接着又有人为小家伙做人工呼吸——这在当时还是很先进的急救方式，但依然无济于事。

大家从清早一直忙活到上午十点钟，小婴儿依然没有活过来。有人说，这个女娃娃不会活了。

那个夏天似乎格外闷热，人们看着这个可怜的孩子难过不已，但老祖母依然不肯放弃。这位年逾花甲的老人坐在一张紫檀嵌螺钿的圈椅上，像命令又像哀求一般让大家再想想办法。

这时候，有一个体态丰腴的女人说道："让我抽几袋水烟试试看。"

大家正一筹莫展，这个看似有些荒唐的办法给老祖母带来了一丝希望。即便希望渺茫，也总要试一下。其实大家心里并不看好这个办法——已经试过了那么多可行的办法都没有效果，她们对"喷烟"这种荒唐的办法几乎闻所未闻，无论如何也不能相信这会是一个救人性命的办法。

不过死马当活马医，大家心中还是燃起了一丝希望，并七手八脚地忙起来，有人给找来了水烟袋，有人忙着搓纸芯，有人端来了一大包上等皮丝烟。于是一袋又一袋的烟喷在小婴儿的脸上，而小婴儿依然没有活过来的迹象。时间一分一秒地流逝,整个产房里只有抽水烟的声音。刚刚燃起的希望,就像那些缭绕的烟雾一样袅袅散去。一连几个钟头过去,大家连午饭都没顾得上吃。抽水烟的女人虽然过足了烟瘾,但接连抽了几十袋水烟,早已疲惫不堪,加之天气酷热,更是汗流浃背。

接生婆一直在旁边数着——已经是第一百袋水烟了,婴儿还是没有反应。她沉痛而无奈地对老祖母说道:"老太太,已经一百袋烟。老太太,您去歇歇吧。"

老祖母眼含泪水,依然不愿接受这个残酷的现实。她像是下了一个赌注般伤心而又不甘地说道:"再喷她八袋烟,我就去休息。"

再加上八袋烟,就正好是一百零八袋。老祖母手上经常拿着一串一百零八颗的佛珠,一百零八这个数字在传统文化中被赋予吉祥的美好愿望。如果一百零八袋烟喷完还是无济于事的话,她只能认命了。

此刻,接生婆已经把小婴儿放在脚盆里。此前她一直用双手托举,将近八个小时,她已经手臂酸痛,几乎抬不起来了。于是接生婆便向脚盆里喷烟,缭绕的烟雾再度轻盈聚合。老祖母颤颤巍巍地站起身走到孙女身旁,眼泪簌簌地落下来。她打算看孙女最后一眼,却在这一刻发现了惊人的奇迹——小家伙的小鼻子翕动了一下,随后嘴唇也动了起来!

婴儿活过来了!

这简直是奇迹。彼时天空响起了滚滚雷声,闪电刺破云层,一闪一闪的亮光照亮了产房。空气中的灼热也一扫而空,一切的一切,似乎都在为这个新生儿而喝彩。

这便是张家的二小姐,张冀牖为她取名为"允和"。

有时候,生命的奇迹无须解释,因为奇迹本身就是答案。或许,允和从一出生便注定了这一生的不平凡,虽然她自己并不这样认为。那个足足抽了一百零八袋水烟的女人后来成了张允和的奶妈,她对允和照顾得无微不至。允和幼年时期非常爱哭,在家里并不讨喜,而这位奶妈总是细心地照料她、抚慰她。她对这个自己亲手从死神手里夺回的孩子万般疼爱,就像疼爱自己的亲生女儿一样。

这位奶妈还给允和讲过老鼠嫁女的故事,还在糕点上插上几朵绒花,笑说这是老鼠新郎送给老鼠新娘的礼物,并将其放到很高的柜子上,哄允和乖乖地入睡。第二天,奶妈踩着凳子去拿糕点,却不小心跌落下来,摔伤了腿。她只好回家去养伤,从此后允和便再也没有见过她,她像人间蒸发了一般,再也没有消息。

又是个女儿,陆英知道,延续香火的重任还没有完成,她必须继续生育。

1910年9月15日,三小姐张兆和出生。

一连生了三个女儿,张家人大失所望。兆和没有像大姐元和那样受重视,也没有允和死而复生的惊喜,因此从小也没有受到太大的束缚。她比两个姐姐自由得多,可以做更多她喜欢做的事。因此在四姐妹中,她是最活泼自在的。

次年,陆英终于诞下一名男婴。然而巨大的惊喜很快被沉痛的悲伤取代——孩子出生不久便夭折了,这让身为母亲的陆英格外痛苦。她必须继续孕育,尽到自己作为张家媳妇延续香火的责任。

在安徽合肥,张家是世家大族。晚清时期,由于清政府要向帝国列强交上巨额的战争赔款,因此对百姓大肆征收苛捐杂税,而安徽一带还算富庶,因此成了税收的重要来源区之一。从1905年到1907年,清政府竟然征收了一百多万两白银。面对当时毫无人道的社会,那些社会底层的百姓只能高举反抗大旗,向清政府公开宣战。

1906年,芜湖率先爆发了罢市运动。后来又有宿州的一伙流民闯进盐局,要求当局降低盐税,遭到拒绝后,他们干脆捣毁了盐局。

昔日宁静祥和的家乡,竟渐渐烽烟四起。再加上这里消息闭塞,无法接触到最新的世界,不利于孩子们的成长。张冀牖喜欢看报,他每年至少要订阅二十多份报纸,从国家到地方,他无时无刻不在关心着家国天下。在那些铅字里,他知道上海是全国最接近世界的地方,那里有最新的科技,也有最新的思想。随着安徽一带动乱开始,许多报纸也不能再发行到这里,合肥越发闭塞。面对这样的景象,目光长远的张冀牖做出了一个重要的决定——举家迁往上海。

从19世纪40年代开始,上海便成为了通商口岸。从那时起,这里被人为地划分成华界、公共租界以及法租界。经过几十年的发展,这里已繁华如斯,与合肥相比,可谓天壤之别。

也是在这里,陆英再度有了孕。

父亲张冀牖在法租界租下了一栋两层的小洋楼,一家人欢欢喜喜地搬了进去。家里的亲戚见到陆英挺着孕肚,都纷纷根据自己的经验预测说,这一胎一定是个男孩儿!张家人都非常欣喜,陆英也满怀期待地等待着。

终于到了孩子出生的这一天,张家人的期望再次落空。陆英又诞下一名女婴,失望的情绪如同阴霾笼罩着张家人。父亲为四女儿取名"充和",在为她选奶妈时也颇为随意,并没有经过精心挑选。

张充和的第一个奶妈是一个高姓女人,丈夫是个嗜鸦片如命的老烟鬼,经常打骂妻子。在这种环境下,作为奶妈的高干干奶水自然不会充足,小充和经常因吃不饱而饿得大哭。

一天晚上,小充和再一次因为饥饿而号啕大哭,而作为母亲的陆英也在一旁痛哭。她深感作为张家媳妇必须生下儿子的压力,不知道什么时候能再怀上孩子,也不知道下一个到来的孩子会不会又是个女儿。母女俩的哭泣声令人闻之心碎,那时叔祖母刚好在张家,她听到母女的哭声后,不禁动了恻隐之心。

叔祖母是张华轸的妻子,但张华轸去世多年,夫妻俩只有一个女儿,女儿出嫁后也生了个女儿,因此对陆英的悲伤,叔祖母深有体会。经过一番思量,她做出了一个决定——请张冀牗夫妻俩把充和过继给她。

张冀牗和陆英同意了这个请求。不过,叔祖母是个思想守旧的女人,她觉得自己命不好,担心会克到孩子,想找算命先生来算一算。陆英不以为意,"充和有她自己的命,该她的就是她的,别人妨不了她的"。

见陆英如此说,叔祖母终于放心地抱养了充和,成了充和的养祖母。彼时充和刚刚八个月,便在襁褓中任由养祖母抱着离开了父母,随养祖母回到了安徽合肥。

充和出生的那一年还有一段关于元和的插曲——元和的奶妈万干干回了合肥乡下的老家,没过多久便染病辞世。接替万干干的是陈干干,她本是跟随奶奶多年的仆人,不仅忠心耿耿,又熟知各种活计,因此由她来照顾元和再合适不过。

四姐妹的锦绣传奇将由此开启,命运对陆英的折磨似乎也逐渐结束。后来,她终于生下了一名男孩儿。这是张家期待已久的血脉,他们等了太久太久。张冀牗为他取名"宗和",之后陆英又生下了次子寅和、三子定和、四子宇和以及五子寰和。

张家的女孩儿名字里都是有"腿"的,寓意着姑娘们终要走出闺门嫁给别人,而男孩儿的名字里都是有"宀"的,寓意着男孩儿们不管走多远,都要回到家中,身为男子汉,务必要撑起这个家族。

取名为大事,小小的名字里,总是寄托着父母的无限期许。身为教育家的张冀牖,深知名字对孩子们的重要性,因此每个孩子的名字都经过仔细斟酌,看似简单的两个字的背后,却藏着莫大的学问。

# 无忧岁月

1912年,姐妹三个已经到了读书的年纪。因此父亲张冀牖给她们请了一位姓万的女老师来教学,为孩子们开蒙。

其实在那个年代,大多数女孩子是无法得到良好教育的,千年来重男轻女的观念在人们的血脉里流传,做父母的总以为女儿只要贤良淑德便可以了,所谓"女子无才便是德",姑娘家的,学那么多有什么用呢?但是张冀牖不以为然。在他看来,女孩子同样要接受良好的教育,他要培养女儿们的才情,让她们在书香墨韵里长成名门闺秀。

新来的万老师才刚刚16岁,是个略显孩子模样的姑娘,不过为孩子们启蒙还是绰绰有余的。

万老师要教的孩子有三个——元和、允和、兆和三姐妹,宗和、寅和兄弟俩是不作数的,毕竟年纪太小,可来可不来。

三姐妹中，二小姐允和是最令万老师头疼的，这个小丫头性子执拗，在家里也最是得宠，但凡她认准了的事，任凭别人怎么劝说，都是无用的，只有待她自己想通，才回心转意。直到长大成人，张允和的这个性情也未曾改变。

第一天上课，万老师教三姐妹学习汉字。万老师摆出了四个字，还没等万老师教，允和发现自己竟认得三个，除了一个"钗"字，其他都认得。因此在心里觉得，这个老师不过如此嘛，这么简单的东西，有什么好教的？

母亲陆英曾经教过孩子们一些字词，因此小允和颇有些自负，竟自己在心里赌起气来，任凭老师一遍遍地教，就是不肯开口读那个"钗"字。年轻的万老师也不好意思教训她，只能随着她的性子。下课后，小允和还是觉得生气，干脆话也不和人讲，晚饭后便赌气睡觉了。哪知那晚上她竟大失颜面——她尿床了。本想给老师一个下马威，"阴谋"未能得逞，自己竟先遭到"报应"。次日上课，小允和便乖巧了很多，不敢再和老师斗气，开始乖乖地读书认字了。不过，她在家里向来受宠，每次课前，她像受了什么委屈似的，都要哭鼻子，而且哭起来没完没了，对待这位二小姐，万老师只能小心翼翼地。

元和与允和恰恰相反。她是大姐，也是最乖巧懂事的。每次上课，她都是端端正正地坐着，俨然一副小大人的模样。她认真读书识字，从来不会惹万老师生气。

三小姐兆和仿若大姐和二姐的结合体，她淘气的时候特别淘气,安静下来又会格外安静,恰似"静如处子,动如脱兔"。因此在三姐妹中,她挨骂挨打的次数最多,但她也无所畏惧,戒尺落在掌心上,她便心安理得地承受,过后继续捣乱。

万老师每天都早早地来,课前先在书房里用早餐,孩子们也经常与她一起进餐。负责为她们准备早餐的是看管允和的窦干干,早餐一般是粥配上各种腌菜、豆腐乳、花生米、黄瓜片等。三姐妹中兆和年纪最小,但食量却是最大的,每次吃饭,她总是第一个入座,最后一个离座。

一天早上,兆和迫不及待地等着吃早餐,正在摆桌的窦干干训斥道:"嘘,出去!就你一个人等不及。老师都还没来呢,你急什么!"

负责看管兆和的朱干干听后生气地说:"咱们不吃她们的早点。我拿腌豇豆给你吃。"说罢,她果真从腌菜坛子里捞出两截长长的腌豇豆,放在一大碗粥上端给了兆和。从此,腌豇豆配米粥成了三小姐兆和的早点。有时候两截腌豇豆不够,她就自己打开坛子再捞一截。

在三姐妹中,兆和从出生开始就没有像大姐、二姐及大弟那样受重视。幼年的兆和长着一张黑黝黝的小圆脸,身体结实,几乎没怎么得过病。兆和经常同厨子、听差一起玩耍,他们故意逗她:"想你奶妈吗?"

"想!"兆和奶声奶气地回答。

"想，我教你个办法，你就唱'早早去，早早来，省得奴家挂煞挂心怀'。"

年幼的兆和哪里知道"奴家"是什么意思，便有样学样地唱了起来。家里人都知道兆和不受重视，便常常拿她取乐。有人还教她一首歌："大姐梳个盘龙髻，二姐梳个凤凰头，只有我三妹不会梳，梳个燕子窝，燕子来生蛋，吓得三姐一头汗！"

幼年的兆和喜欢在楼梯的栏杆间侧着身子钻来钻去，有一次正玩得不亦乐乎，被恰好经过的郭干干看到了，便和另一个干干讲起来，但那个干干看了看栏杆间狭窄的缝隙，说什么都不肯相信。于是郭干干和她打赌，赌注是一吊钱的毛豆。两人定好赌约，便让兆和表演。兆和欢快地在栏杆间来回钻了好几次，干干们都赞叹不已。等到毛豆煮熟，兆和作为"功臣"，理所当然地成了上宾。

兆和是家里有名的"小捣蛋"。她淘气调皮，连大人也拿她没有办法。她不像大多数小女孩儿那样喜欢洋娃娃，甚至曾用自己的小凳子把一个泥娃娃砸得粉碎，又把一个布娃娃撕成了碎布。家里人无奈，只好又给她买了一个橡胶娃娃，以为这样就万事大吉了。但孩子总是有令人意想不到的创造力和破坏力，兆和拿着橡胶娃娃研究了一会儿，便发现了它的弱点。她从朱干干的针线盒里找了一把剪刀，只一刀就干净利落地剪掉了娃娃的头。

随着时光的流逝，姐妹们逐渐成长，光有一位启蒙老师自然远远不够。没过多久，张冀牖又请了一位陈先生来教《三字经》《龙文鞭影》《唐诗三百首》等启蒙读物。与此同时，三姐妹不仅要认真读书，还要在父亲的要求下开始练字。

万老师在张家待了两年，离开张家时刚好18岁，她也从一个青涩的少女成长为一位落落大方的姑娘。在这两年里，三姐妹跟着她认得了许多字。张冀牖非常重视对子女的教育，但是当姐妹们到了入学的年龄，张冀牖并没有把她们送到学校去读书，而是继续在家里请先生来教学。

万老师离开后，张冀牖又从安徽请了王先生来教授孩子们国语、文史等课程，从扬州请来了于老师教授孩子们文言文。为了打造一个良好的学习环境，张冀牖还专门在前厅设了书房，作为上课的场所。书房中黑板、粉笔、书籍等物品一应俱全，每堂课的时间是55分钟，然后休息5分钟，开始下一堂课，上下课的时候都有人负责摇铃提醒。虽然学生不多，但学校该有的元素，这里一样不少，正是"麻雀虽小五脏俱全"。

张冀牖有着先进的教育理念，他没有采用当时学校普遍使用的教材，而是联合两位老师为孩子们量身编订了一套教材。教材中的文章主要选自《古文观止》《文史精华录》，编订完成后特意请人刻印成书。

王先生要求孩子们每周写一篇白话文，于老师要求孩子们每周写一篇文言文。长时间下来，孩子们的写作能力得到显著提高。

　　三姐妹们习惯于在书山文海中徜徉,把读书当成一种享受。那些年无忧无虑的时光,是姐妹们心中最美好的回忆。

## 书香里铺陈最初的人生

书香墨韵里沉淀了最初的美好,姐妹们在琅琅书声中无忧无虑地成长。

大上海车水马龙,商业繁华。她们经常听见吹糖人的招牌锣声敲得震天响,金色的糖浆被神奇地吹成孙悟空、猪八戒、蚌壳精等形状,令人沉醉不已。但家里人不允许她们出去,看门的李老头死死地守着大门,她们也只能望"门"兴叹了。

李老头似乎练过功夫,他每天早晨都会举石锁锻炼若干次,兆和曾好奇地推那石锁,用了很大力气,它仍纹丝不动。

有一次有货物要运进来,大门难得地被打开了。二姐妹终于看到了那心心念念的糖人,请求母亲给她们买糖人。陆英轻易不给孩子们买这种东西,因为糖人是上了色的,她担心孩子们吃了不健康。但那一次她破例了,在孩子们的一再央求下终于实现了她们的愿望,给她们买了糖人,姐妹们非常开心。

快乐是童年的底色,但偶尔也会有一些令人气愤的事情发生。一天,三姐妹正在看吹糖人,忽然一阵叫骂声传入耳中,她们闻声寻去,只见胡同尽头一堵墙后的二层楼上,有几个小女孩儿竟然正操着上海话骂她们。面对这没来由的辱骂,三姐妹怎么会示弱呢?她们也指着楼上的小女孩儿骂道:"小鹅(丫)头!小鹅(丫)头!"

1918年对于张家来说又是一个重要年份——这一年,张家从上海搬到了苏州。一家人住在寿宁弄八号,和三位寡居祖母住在一起。新的环境让孩子们颇为兴奋,她们尤其喜欢在夏天的夜晚躺在凉床上学苏州话的民歌。直到多年以后,二小姐允和依然清晰地记得童年时代学会的民歌:

> 唔呀唔呀踏水车,水车盘里一条蛇。
> 牡丹姐姐要嫁人,石榴姐姐做媒人。
> 桃花园里铺房架,梅花园里结成亲……

不知道寿宁弄八号以前住着怎样的一家人?可能是一个官宦之家,也可能是富商,能拥有这么漂亮的宅子,定然不是等闲之辈。不管这里有着怎样的曾经,从1918年开始,这里将书写新的传奇。

那座院落有三进（传统四合院的一种。"口"字形的称为一进院落；"日"字形的称为二进院落；"目"字形的称为三进院落），三姐妹的闺房在第三进院落的房子楼上，推开窗户，就能看到生机盎然的后花园。花园里有临水而建的亭台楼阁，有精心设计的假山，有花草，有果树，粉墙黛瓦中尽显幽雅恬静。在花园中还有一个大花厅（指旧式住宅中大厅以外的客厅，多建在跨院或花园中）。冬天时，孩子们的书房是在大厅旁的一间屋子，姐妹们称其为"冬宫"。春暖花开时，孩子们会挪到花厅里读书，书房只占了花厅的三分之一。花厅前有两棵大树，一棵是紫玉兰（一说是枫树），一棵是白玉兰。春风乍暖时，玉兰树上开满了漂亮的花，姐妹们便央求伙房的厨子把玉兰花瓣放在油锅里炸一下，做成香脆的点心。花厅外围则是许多果树，有杏树、柿枣树和核桃树，还有漂亮的绣球花。张家人刚刚搬到这里时，假山旁边的竹栅栏里还养着一只仙鹤。可惜仙鹤胆子太小了，忽然见到这么多陌生的脸孔，竟吓得撞墙，结果撞了个头破血流，房主人无奈，只好把仙鹤带到别处去了，这令孩子们非常扫兴。

此前，姐妹们只在书画中见到过如此漂亮的花园，如今身临其境，颇有"人在画中游"之感。姐妹三人每天最开心的便是放学离开书房后飞也似的跑进花园里玩耍，此时也是一天中花园里最热闹的时候。先生教过她们王羲之"临池洗砚"的故事，她们有时候也会像模像样地效仿，但大多时候是嬉笑着爬山、玩水，快活得像小鸟一般。

张冀牖爱书如命，良好的读书习惯对孩子们也有着潜移默化的影响。同时，他也深谙"寓教于乐"的道理，茶余饭后，他经常带孩子们出去散步，每看到一处名胜古迹，都会详细地给孩子们讲解其中的历史典故和故事。

家庭教师王先生曾为兆和写过一首诗：

> 我到苏州来，快乐非昔比。
> 天天勤读书，琅琅随两姊。
> 大字写两张，小字抄一纸。
> 每到傍晚时，随父游近市。
> 买得果饵多，累累携手里。
> 果饵香且甜，食罢皆欢喜。

兆和觉得，这首诗完美地道出了她的心境。

平日里，孩子们有很多好玩的游戏，比如给洋娃娃做衣服。心灵手巧的三姐妹给洋娃娃做了款式各异的衣服，还精心地绲上花边，再加上亲手缝制的帽子、鞋子，洋娃娃总能被打扮得可爱又时髦。服侍姨祖母的赵保姆的丈夫也在张家，他闲来无事，便常常将竹子劈成竹片，编成小花轿送给孩子们玩。三姐妹见了这轿子越发开心，她们把洋娃娃打扮成新娘子的样子，然后让"新娘子"坐在花轿里，三姐妹抬着轿子从花园这边走到那边，再从那边走到这边。打头的是郭干干（张寅和的保姆），她也很配合地用嘴巴模仿着婚礼上"哐哐哐"的敲锣声。大家玩得不亦乐乎，花园里充满了欢声笑语。

这样的游戏玩得多了，便不觉得尽兴。有一次三姐妹和大人一起去参加亲戚的婚礼，看到婚礼上一对新人拜天地，三姐妹都不由自主地想到了常玩的游戏。回家后，她们商量着若是有一对真娃娃来做新郎新娘，那该多有趣。那时的大弟宗和已经5岁，他长着小圆脸、高鼻梁，笑起来还有两个深深的酒窝，非常可爱。由于是长子，因此向来被管束得很严格，性情颇为腼腆。三个姐姐商量着让大弟当新娘，4岁的二弟寅和来做新郎官。

于是，她们便兴致勃勃地去游说宗和，宗和虽然百般不愿意，但还是拗不过姐姐们，只好乖乖答应了。母亲对孩子们这特别的游戏并没有反对，甚至还帮忙打扮"新娘"。

心灵手巧的元和擅长化妆，母亲的胭脂、花粉、刨花、梳子等一应俱全，供她使用。元和先给宗和擦了粉，涂了胭脂，之后开始梳妆打扮。她想给宗和梳几条朝天辫子，但由于头发太短，总是梳不成。母亲见状，便给她扯了几条大红头绳，元和这才成功地梳成了四条朝天辫子，还戴上了绢花和"福"字绒花。

梳妆完毕，便是衣装打扮。允和拿来了她10岁生日时穿的粉红色上衣，但是还差一条裙子。于是兆和去央求母亲，母亲给她拿了一条花绸大手帕,权且当作裙子穿。兆和并不擅长细致的活计,但总要表现一下,她将手帕塞在宗和的腰带上,这样一条简易的"裙子"便诞生了。那是一条只有前幅没有后身的"裙子","新郎"寅和见哥哥打扮得花花绿绿的,也闹着要穿花衣服,姐妹们劝他:男人是不可以穿红着绿的!寅和这才作罢。

一切准备就绪,"婚礼"开始了。

郭干干用嘴巴"敲锣打鼓"地把"小夫妇"送到后堂,孩子们还有模有样地在地上铺了红毯,家里人嚷嚷闹闹地都过来看热闹。郭干干高唱着"小小秤杆红溜溜,我替新人挑盖头",大家起着哄说要看"新娘子","新娘子"则羞答答地笑起来。

这时候,元和一本正经地说道:"该向爹妈行礼啦!"

"新娘子"闻言,便伶俐地跪了下来,而胖乎乎的"新郎"却不知所措,依然呆愣在原地,兆和便推了他一下,"新郎"这才跪下,"夫妇俩"煞有介事地拜了"祖先""父母",以及"宾客"。礼毕起身时,"新郎官"竟然不小心踩掉了"新娘子"的"裙子",一时间,"父母高堂""宾客"等哄堂大笑,"新娘子"委屈得泪水在眼眶里直打转。元和赶紧搂着宗和安慰道:"好弟,不哭!一哭脸上的花粉就糟了!"

允和也赶紧用手帕给弟弟擦眼泪,并嗔怪二弟寅和太粗鲁，想到"裙子"是三妹兆和给系上的，姐妹俩又埋怨三妹没有系好"裙子"。兆和满是不服气，鼓着小嘴生气，"新郎"寅和见闯了祸，便一溜烟逃之夭夭了。

童年时代的趣事数不尽，那些乐事如同点点繁星，汇成了岁月的星河。

夏天是最快乐的季节，姐妹们常常一面大声朗诵，一面竖起耳朵听外面杏子落地的声音。听见"咚"的一声响，姐妹们便大致记下了方位，等到下课的时候便飞也似的冲出门去捡杏子。

花园中的杏子有两种。一种是一年一结果的，这种杏子产量大，但是个头儿小，口感一般；另一种是两年一结果的，叫作"荷包杏"，这种杏子不仅个头儿大而且味道香甜，但产量较少。

花园中的美味当然不仅有杏子，在花厅后面还有枣子和柿子，枣子虽然很甜，但并不受小姐们欢迎，倒是又大又硬的柿子比较受欢迎。朱干干找人把那些大柿子摘下来，然后用芝麻秸插上，这样放上一段时间，柿子逐渐变软，孩子们就可以吃到又大又甜的柿子了。

二姐妹的童年清澈而明媚，书香墨韵里承载着许多欢声笑语。不谙世事的她们犹如天使，在最幸福的年华里无忧无虑地成长。而此时小妹充和正与养祖母生活在安徽，她并不知道养祖母的名字，作为晚辈直问长辈的名讳是不礼貌的，她只知道养祖母的佛教法名是"识修",取意为"认识与修行"。

识修出身名门世家,其父亲李蕴章是李鸿章的四弟。李蕴章虽然没有李鸿章那样名满天下,但是论才华与学识并不逊于李鸿章。由于兄弟们都出门在外,他理所当然地成了一家之长,除了主持家业,还要监管兄弟的孩子们。他非常重视对孩子的教育,在孩子们很小的时候,就请家庭教师来教他们。有时候他也会检查孩子们的功课,听孩子们背书时,他不用看书便知道孩子们背得对不对——因为那些书,他早已烂熟于心。

识修是家中的第四个女儿,虽是女孩儿,李蕴章依然让她读书习字。当她抱养充和的时候丈夫已经过世许久,对她来说,小充和便是她的全世界。她笃信佛教,心地仁善,就像自己曾经被父亲要求读书习字一样,她也致力于培养充和的读写能力。

识修前前后后为充和请过很多位老师,其中,朱谟钦先生教授的时间最长。他本是一名考古学家,识修付给他的学费是每年三百银圆。这在当时简直是个天文数字,要知道一名仆人的年薪才二十银圆左右。朱谟钦先生在张家待了五年,从充和11岁一直到她16岁离开合肥。为了培养充和,识修从不吝惜金钱,她要给充和最好的教育与优渥的生活。

在充和的众多老师中,对她影响最大的,也是识修。从充和刚刚学会说话开始,识修就教她背诵古诗词。不到6岁,充和就已经能读写许多字了,还能背诵《三字经》《千字文》等启蒙篇目，这些本领离不开识修平日的精心教育。

识修是个开明的女人，她要求充和学习，但并没有强制她和自己一样做一个佛教徒，也没有要求她和自己一样每天吃素，后来也没有干涉充和的婚姻。

佛经中的故事充满慈悲，也充满智慧。时光在那些经文里悄然流逝，充和也一天天长大。在她的记忆里，有两位尼姑一直在固定时间前来探望，一位来自南京，另一位来自扬州。扬州的尼姑曾是被卖到张家的丫头，在识修的女儿出嫁时，她作为小姐的陪嫁离开了张家。但命运总是百转千回，小姐的丈夫竟然看上了这个长相俊俏的丫头，想纳她为小妾。她对此断然拒绝，并毅然剪掉满头青丝，出家做了尼姑，法号"宝性"。

识修心性善良，对身边的人永远满怀慈悲，无论是家中仆人，还是素不相识的陌生人。她还帮助一些被遗弃的残疾儿童找到领养家庭，或者让他们学会谋生的技能。例如，在她的帮助下，一位眼盲女孩儿被安排到制刷厂工作，一位耳聋女孩儿被安排在一座寺庙里照管菜园子。

充和的幼年生活虽然没有三个姐姐那样热闹，但多了一份淡泊笃定。智慧与慈悲，描成了她生命的底色。她每天晚上八点左右就寝，凌晨三点天还没亮就起床。她住在养祖母卧室后面的房间，与奶妈钟妈同睡。

每天早上，钟妈给充和梳头的时候，养祖母识修就会在旁边背诵诗词或者吟诵经典古文，或是和钟妈聊一聊当天要做的活儿。一旁的充和静静地听着,梳洗完毕,识修带着充和到小花园去散步。有时候,识修会给充和讲一讲张家的往事,或者问一问充和的学习情况。散步结束后,她们回到房间里共进早餐。不过,祖孙二人并不是在同一张桌子上用餐,而是各自一张桌子。识修的大桌子上摆放素食,充和的小桌子上则摆放她喜欢的食物。除了食物要分开,就连家中的厨房也是分开的,一间厨房专门用来烹调素菜,另一间则烹调普通菜品。

对于童年时代的充和来说,读书是最重要的事情。她每天从早上八点一直到下午五点,除了中午一个小时的午餐时间外,都要在书房中读书,除了遇上重要的节日,每十天只能休息半天。

这样的生活持续了十年。在这十年里,充和先后学习了《汉书》《左传》《史记》《资治通鉴》《论语》《孟子》《中庸》《大学》等经典古籍以及唐诗、宋词、元曲等作品。那时,她所接触到的都是满篇没有标点的繁体字,所以她要先学会句读,才能懂得其中的含义。所谓"入口成章,方能出口成章",年纪稍长后,充和又学习了对联以及写作古诗文。

充和读书的地方在家中藏书楼的一楼,家里其他人几乎不会到这里来,藏书楼中所藏的书籍数以千计。由于书籍长久存放,上面落满了灰尘。除了书籍之外,那里还收藏了许多用来印刷的木板。幼年的充和经常偷偷跑到这里玩耍,书卷的气息与灰尘混杂在一起,让她流连忘返。

不过，生活也并非永无波澜。在养祖母抱养充和两年后，家族中的第九房提出一个要求——把他们家里一个11岁大的男孩儿也过继给养祖母，因为养祖母丈夫早亡，膝下无子，总要有个儿子为她养老送终。这看似出于好心，其实别有用心。因为养祖母一旦过世，这个儿子可以继承大笔遗产，包括许多田产。

养祖母只是一个寡妇，虽然万般不情愿，但还是屈从了夫家的压力。按照辈分，这个只比充和大9岁的男孩儿便成了她的"父亲"。

养祖母非常喜欢聪明伶俐的充和，但对这个"儿子"，更多的是无奈。这个孩子被安排与充和一起读书，但功课远不如"女儿"。他懒惰又贪玩，始终没学会什么，不到20岁，便染上了赌博、逛妓院的恶习。

所幸，"父亲"的顽劣并没有影响到充和，她反而越发勤学苦读。亲情是无法割舍的，每年她都会回到父母身边小住。在充和的记忆里，1920年的春天是她一生中最美好的时光，那一年充和6岁，张家已经搬到苏州两年，她回到在苏州的家，彼时父母安康，四个姐妹、五个兄弟都在，最大的13岁，最小的1岁，一人家了其乐融融。

1920年，张家还兴起了一场教保姆认字的"运动"，陆英让姐妹们当保姆的小先生，兆和的保姆朱干干最聪明也最用功，而允和的保姆窦干干则是成绩最差的，别人问她识了多少字，她回答说："西瓜大的字，我认识一大担。"这让允和颇觉没面子。

充和虽然是四姐妹中最小的，但在学习上没有优待权利。陆英让允和当充和的小先生，元和当大弟宗和的小先生，兆和当二弟寅和的小先生。

陆英给孩子们买了蓝布，教小先生们为自己的学生做书包。书包做好后，还要给自己的学生取个学名。允和的"学生"是最难教的，充和虽然年纪小，但她古文功底深厚，并不逊色于姐姐。不过，她对于新文学不太了解，允和思来想去，决定给"学生"取名"王觉悟"，并把名字绣在了蓝书包上。

这一来，不但名字改了，连姓也改了。充和问姐姐为什么要叫这个名字，允和说："觉悟嘛，就是一觉醒来恍然大悟，明白了一切。"

"明白了什么？"充和追问。

"现在新世界，大家都要明白道理，要民主、要科学，才能救国。"允和煞有介事地回答道。

"就算你起的名字没有道理也有道理，我问你这明白道理的人，你为什么改我的姓，我姓张，为什么要姓王？大王、皇帝也要觉悟，老百姓可不是要吃苦。什么王觉悟，我不稀罕这个名字。"末了，小充和又撇撇嘴揶揄道："还是老师呢，姓名都起得不通，哈哈！"

允和一时气得语塞，毕竟充和是小妹，看着这个得意扬扬的小家伙，又打不得、骂不得，允和带着哭腔道："把书包还我，我不当你的老师了！"然后拿起一把小剪刀，一边哭，一边拆书包上绣好的"王觉悟"三个字。"王"字和"悟"字都好拆，但那个"觉"（覺）字却是足足有20画的繁体字，非常难拆。

小姐妹之间的玩闹，成了多年以后最珍贵的回忆。长大后的充和是个十足的才女，以至于允和感叹"小四妹真正觉悟了，她成了我的老师"。

充和离开苏州时，母亲陆英去火车站为她送行，火车快开时，陆英让充和的保姆把她举高一点儿，好让她从窗口再看一眼心爱的女儿。

6岁的充和如何能想到，那便是她与母亲的最后一面。从此黄泉碧落，这一生，母亲在火车站挥手告别的样子成了她心中永远的回忆。

# 生离与死别

陆英是个传统而又开明的母亲,她性情温和、通情达理,犹如温暖和煦的春风拂过孩子们的心田。可叹的是彩云易散琉璃脆,这样一位温婉端庄的妻子,这样一位慈爱温暖的母亲,却不得长寿。

陆英喜欢素净的颜色,春夏季节喜欢穿浅色衣服,秋冬季节喜欢穿深色衣服——除了那不吉利的黑色。平时在家,她喜欢穿简便的裤装,出门时会在裤子外面系上一条裙子,外罩丝袄或者棉袄。受传统的封建思想影响,她相信这个世界上是有狐仙存在的,并在家中供奉着狐仙的香案,每逢初一、十五还要给狐仙上供,供品一般是鸡蛋、糕饼以及蜜饯之类。

她是个好妻子、好母亲,也是个好管家,张家的大小事务总要经由她来操持,人们才会觉得公正合适。30岁那年,陆英便以非常得体的方式处理了张家的分家问题。那时张树生的儿子们均已过世，只留下几位年长的寡妇。论辈分，陆英是儿媳，如何为长辈们分割家产成了棘手的问题。当时张家有上万亩田地以及许多商铺，加上家里的古玩字画、金银珠宝，要想把这些完美分配，让各家都满意实在是一件难事。原属于五房的丈夫张冀牖早年过继给了长房，而这时陆英尚未生育男孩儿，二房没有直系后裔，只有最小的一房有孙辈男孩儿，所以她将财产中的精华部分分给了最小的一房，由张树声当时唯一的嫡系子孙继承。她的公正无私，赢得了族中人的赞赏与敬佩。

分家时，孀居的女人们都希望能分得大笔的现金，对她们来说，房产、田地都不如现金来得实在。而且当时正值世界大战，黄金的行情很难预料，把存在银行里的金锭兑换成现钱，需要冒很大的风险。不过，陆英还是毅然用金锭兑换了现钱，几个月后金价暴跌，陆英又将卖出去的金锭买了回来，继续存放在银行里。这仿佛是一场赌注，又似乎反映了陆英对金融市场的敏锐嗅觉。

这些事都是她悄悄做的，没敢告诉婆婆。将金锭放回银行时，她是和兆和的保姆朱干干一起去的，而这件隐秘的事，也是后来朱干干讲给孩子们的。家中的保姆都非常喜欢陆英，也愿意为她鞍前马后地做任何事情，而陆英对保姆们也都非常信任、和善。

陆英的身上，既有中国传统女人的贤良淑德，又洋溢着现代新女性的开明睿智。她喜欢看京剧，住在上海时，每当有名角演出，如红极一时的梅兰芳、尚小云等，她常常像个俏皮的少女一般溜出去看戏，有时候也会让朱干干抱着兆和一起去看。

然而在忙碌的生活中，这样闲适的时光总是短暂易逝。1921年，在怀上第十四个孩子后，陆英患上了牙疮。牙痛时那种钻心的痛楚，只有亲历过才能体会。由于苏州的医疗水平有限，陆英只好挺着九个月的孕肚从苏州去了上海，在那里拔除了那颗坏掉的牙。然而这并没有结束，甚至仅仅是个开始。回到家后，她的牙床出现了感染症状，病毒逐渐入侵血液，她的身体越来越虚弱。

陆英本是个温柔而坚强的女子，但是这一次，她却痛得落泪。家里只好又请来一位西医诊治，医生了解病情后，给出了一个大家都不愿意接受却又别无选择的建议——终止妊娠。

无奈之下，陆英只好引产。

那个不足月的小女婴刚落下来时还有气息，元和、允和和兆和三姐妹固执地把她认作幺妹，甚至试着喂她，但是她不肯吃。少顷，女婴口中喷出血来。保姆们可没有三姐妹那么多疼惜，甚至对女婴心存怨气，认为就是她害了女主人。保姆们把她抱走后随意地扔在垃圾堆上，没过多久，女婴便气绝了。

但是此刻张家人无暇顾及那么多，因为陆英在引产后身体并没有好转,反而越发糟糕。大约是预感到了自己将不久于人世,陆英开始从容地为自己安排身后事。当年那场盛大的婚礼,给人们留下了深刻的印象,娘家所陪送的嫁妆更是数目惊人。所以,她要求把她剩下的嫁妆都送回扬州娘家,分给扬州的娘家人。她又从自己的私房钱中拿出一千八百块大洋,分给九个孩子的保姆每人二百块,希望她们能够一直照顾孩子们长大成人。

保姆们非常感念女主人的恩情,即便后来女主人去世,依然信守承诺,一直把孩子们照顾到18岁。

陆英没有给孩子们留任何财产,毕竟孩子太小,他们也不会经营打理,不如留给保姆,让保姆好好照顾他们。

陆英弥留之际,病榻前早已哭成一片。

那一年宗和刚刚8岁,他伏在母亲病榻前痛哭。陆英最放心不下的就是年幼的孩子们,她告诉宗和:"别哭,你哭的日子还在后头呢!"没有母亲的孩儿,如同风中孤草,她不知道,没有自己的陪伴,孩子们以后的生活将会怎样。姐弟们环绕病榻四周,允和跪在母亲的右边,看到母亲眼角的泪珠滑落在鬓边,她知道母亲还活着,于是拼命地叫:"不要哭,大大还活着,大大在哭。"然而那稚嫩的童声淹没在一片哭声的海洋中,她被人拎起来推到一边,正撞到父亲张冀牖怀里。而此刻的张冀牖双目发直,浑身都在颤抖。

1921年的深秋,陆英咽下了最后一口气。

有人将香点燃，然后传给众人。孩子们双手合十，低声诵念"南无阿弥陀佛"，以最虔诚的声音送母亲最后一程。

人们为陆英的遗体穿上寿衣入殓，肝肠寸断的三姐妹靠着棺木痛哭。她们呼唤着母亲的名字，希望她能回到人间，而父亲张冀牖只能默坐一旁，那无声的沉默，恰是最深的痛楚。

陆英的遗体在苏州家里停放了四十九天后，被送回安徽合肥安葬。

多年以后，允和回忆起母亲在世的最后一年，感慨道："1920年，是我一生中最美好的一年。在我的记忆中是一个又甜又嫩的童年。那年我11岁。我们有姐妹兄弟九人，父母双全。第二年，我们的母亲就去世了。"

陆英去世时，小四妹充和还在安徽老家。她不知道，上次与母亲一别，竟再也不得见。那一天，苏州来了封电报，养祖母识修读完电报后沉默了一会儿，忽然瞥见充和穿了一件印花衫子，便让保姆过来把她的衣服翻过来穿，让素色的里子露在外面。

陆英21岁嫁到张家，去世时年仅36岁。在这十六年中，她怀了十四胎，几乎年年都在生育。这十四个孩子有五个夭折，九个姐弟健康长大。她为张家生儿育女、操持家业，用自己全部的青春与生命，书写了一位伟大妻子、伟大母亲的传奇。

陆英在世时将家里打理得井井有条，张冀牖无须在烦冗的家务事上挂心，大多时间都用来读书和经营自己的事业。1919

年的五四运动后,新思想犹如阵阵春雷唤醒了沉睡的国人。张冀牖时刻都在关注着家国大事,随着女性解放的呼声越来越高涨,他意识到开办一所女子学校势在必行。

张冀牖的祖父张树声在19世纪80年代也曾办过学校,那是张树声向当朝皇帝申请拨款,在广东开办的实学馆。不过这与张冀牖要创办的学校性质不同,张冀牖要办的学校是完全个人出资,教育理念、组织体系自然也是自己安排的。

张冀牖是个开明的教育家,他提倡男女平等,认为女子也应像男子一样去学校读书。尽管身边的三个女儿从小在家里读书,但他总觉得,应该送她们到学校接受正规教育,家庭教师王先生也认同。于是,三姐妹被父亲送去了苏州女子职业中学。

当时的苏州女子职业中学主要以刺绣闻名,学校里除了基础课程外,还有家事课。在这个课上,大家可以一起做石膏像,一起做饭。三姐妹在这个集体中过得很开心。

学校校址原是当地衙门,校内有假山、鱼池、操场、练功的平台以及天桥等。天桥年久失修,摇摇晃晃的,大家都不敢上去,唯独淘气的兆和敢上去。她一面在那摇摇晃晃的天桥上走来走去,一面大声唱歌,同学们见了,总是纷纷鼓掌喝彩。这更加鼓舞了兆和,她在天桥上走得更起劲了。

姐妹们虽然玩得开心,但到了期末考试的时候却发了愁。一个学期下来,只有元和通过了考试,允和与兆和都蹲了班。

于是允和与兆和只能哭着到另一个教室去上课。

张冀牖看着孩子们一天天长大,早已萌芽的教育理想也迅速生长。他特意去咨询了苏州的几位教育家,经过多方走访,张冀牖建设学校的流程逐渐清晰起来,他为自己开办的女校取名为"乐益",取"乐观进取,裨益社会"之意。他希望学校能够适应社会需要,为女孩子们提供一个走向高等教育的阶梯。

张冀牖在憩桥巷租了所房子,并把房子分成教室和活动区域两部分。经过一番忙碌的准备,终于一切就绪。1921年9月10日,乐益女中正式开学。当时,只有一个年级,只有一个班级。入学的女生仅有二三十名,年龄从十一二岁到十八九岁。

然而令张冀牖万万没想到的是,就在学校开办后的一个月,挚爱的妻子陆英便与世长辞。没有人知道张冀牖是怎样熬过那段晦暗时光的。妻子去世后,他既要打理学校,又要照顾家庭,还要经管儿女们的教育。

张冀牖对女儿们的培养可谓用心良苦。那年除夕夜,孩子们和一些工人丢骰子、玩骨牌、赶老羊(一种用六枚骰子决胜负的赌博游戏),每一盘下几分钱的注。虽然不多,但性质已是赌博,父亲张冀牖看见后不禁忧心忡忡。他讨厌任何形式的赌博,哪怕只是一年一次。他语重心长地对女儿们说,如果她们不玩骨牌、赶老羊等,就请昆曲老师来教她们昆曲。昆曲是汉族传统戏曲中最为古老的剧种之一,也是一种极其精细的南方戏曲。等她们学会昆曲可以上台唱戏，就给她们做漂亮衣服。女儿们欣喜应允，张冀牖遂邀请全福班的专业艺人尤彩云来教女儿们昆曲。

三姐妹非常开心，她们尚不知，这场与父亲的"交易"竟会影响她们的一生。从此，她们与昆曲结下了不解之缘，甚至大小姐元和的爱情与婚姻，都源于对昆曲的热爱。

在学习昆曲的过程中，她们越发出落得亭亭玉立，举手投足间尽显优雅。通过练习演唱，她们不再害怕在人群中发声，而是能落落大方地展示自己。

陆英在世时，就非常喜欢戏曲，也经常带着女儿们一起听戏。从昆曲到沪曲，乃至京剧，都是她热爱的。或高亢或哀婉的旋律里，沉淀了多少动人的故事，那些美好的岁月如同尘封的阳光，在记忆深处熠熠生辉。

姐妹们上演的第一出戏取材于《百家姓》，这也是昆曲的入门戏。有了这次经验，她们越发热爱昆曲了。三姐妹逐渐长大，对昆曲的兴趣也越发浓厚，她们组建了自己的剧社。大小姐元和负责编写剧本，并为两个妹妹分配角色，有时来家里玩的表姐妹们也会加入她们的行列。

其实20世纪初期正是昆曲式微的年代，戏院里最受欢迎的是相对浅显的京剧。许多昆曲艺人为了迎合观众的口味，也都改唱了京剧。不过，张冀牖依然钟爱昆曲这种阳春白雪的艺术，他有时候会带着女儿们去看全福班的昆曲表演，那里的戏台非常老旧，似乎也在昭示着昆曲的衰落。

全福班是苏州少数几个仍在登台的昆曲班之一，尤彩云是这里的老演员之一。他擅长"贴旦"，角色一般是自食其力的妙龄姑娘，身份地位大多较低，也有调皮叛逆的千金小姐。这类角色性格鲜明，在戏中有着重要地位。贴旦身着坎肩彩裤，系腰巾，无水袖，手执团扇，嗓音要细而脆，演唱节奏比较轻快。

尤彩云是全福班创始人沈寿林的第二代传人。尤彩云唱腔精湛，在教学上也非常认真负责。他每次只教给学生一出戏，直到学生们把这一出戏学成，才会教下一出戏。他耐心指导学生的唱腔，提醒她们要注意每一个身段和动作。

台上一分钟，台下十年功。姐妹们非常喜欢这种古老的艺术，即便反复唱练，也不觉得辛苦。一些复杂的曲目往往要学上很长时间，光是《牡丹亭》中的《游园》一段，就要学上好几个月。

尤彩云经常扮演一些身份地位低下的女子，如青楼女子、行为放荡的妇人，但是在教学中，这些角色并不适合名门闺秀饰演，他总是会为三姐妹选定适合她们身份的角色去演绎，如世家小姐或风雅的青楼女子。

每次尤彩云先生来上课，张冀牖常常会待在后花园里。虽然他对昆曲也有自己的研究，但从不会干涉尤先生的教学。在孩子们的学习上，他始终如此。他会为孩子们聘请最优秀的教师,至于教师的教学过程,他从不干涉,即便他懂得的学问并不比先生少。

或许,张冀牖先进的教育理念是从教育子女们开始萌生的。在当时,张家这座小小学堂的教学水平绝不逊色于公立学堂。三姐妹每天要学习的科目非常丰富,包括历史、文学、古文、白话文、书法、英文、地理、数学、科学常识、体育以及舞蹈等。加上昆曲之后,三姐妹的学习内容更加立体,天性得以施展,在这丰富多彩的世界里她们逐渐成长为名门淑女。

张冀牖对孩子们的教育是非常成功的。妻子去世后,他一肩担家庭,一肩担学校,既是一个称职的父亲,又是一个优秀的教育者。随着学校规模的扩大,教学方面对设施的要求也越来越高。在苏州公园附近有一片二十多亩的废墟,张冀牖便选择了那里作为新校址。他斥资两万多银圆,在那里修建了漂亮的西式教学楼、校舍等十四栋建筑。

1923年,乐益女中搬到了新校址。学校配有先进的教学设施、宽敞的操场,还有供学生课间休息的凉亭。这座漂亮的学校成了女学生们的乐园,元和、允和也在这里读书。她们留着清爽的短发,在操场上像男孩子一样奔跑、跳跃,学校的运动会、话剧表演等都是她们展现自我的舞台。为了开阔孩子们的视野,培养孩子们的独立人格,张冀牖大胆地邀请了侯绍裘、张闻天、柳亚子、叶圣陶等具有民主思想及科学精神的进步人士来校执教或讲演。

然而世事难料，就在大家都以为学校前景一片光明时，1924年，受江浙战争影响，乐益女中迁到上海。

学校稳步发展，教育理想也在张冀牖心中逐渐长成了一棵参天大树。1925年，张冀牖又在苏州三多巷租了一处房子，在那里开办了一所男子中学，即平林中学。

在当时，一些人办学校常常会向社会募捐，但是张冀牖办学的钱都是自己出的，而且从不接受外界捐款。在办学的过程中，他也结识了很多当时著名的教育家，如蔡元培、蒋梦麟等。人们开玩笑说他"钱不花在自己的儿女身上，倒花在别人的儿女身上"。其实，在一个教育者的眼中，天下人的儿女即自己的儿女。张冀牖希望能为社会培养一批优秀的实用人才，让这些孩子在人生中最关键的时期接受最好的教育，成长为国家的栋梁。

身为两所学校校长的张冀牖总是忙得不可开交，在外人看来，他该续弦了。男人忙于事业，家中没个女主人怎么行呢？张冀牖在陆英去世后几乎从不主动提起妻子，那个温婉如水的女子，仿佛是一个轻盈的梦，她的离去，已经带走了他全部的深情。然而为了更好地生活，他确实需要续弦。理想与现实之间，总是绵亘着太多的无奈。

## "母女"年龄仅差七岁

当时,乐益女中有一位姓韦的教员,他出身于江阴一个优渥的家族,他有个20岁刚出头的女儿叫韦均一。韦教员非常看好性格纯善的张冀牖,想要把女儿嫁给他。虽然张冀牖娶过妻子,家中还有九个孩子,但这些在韦教员看来并不算什么,只要人品和家世足够好,这些都可以忽略不计。

韦均一并不赞同父亲的观点。她接受过良好的教育,20多岁,正是对爱情充满幻想与憧憬的年纪,她不想嫁给一个鳏夫,更不愿一下子成为九个孩子的母亲。她想要唯美绚烂的爱情,想要专属于自己的丈夫,而不是去做别人的替代品。

但是韦均一拗不过家里,在父亲的极力撮合下,韦均一最终嫁给了比她大10岁的张冀牖。

这一年韦均一23岁,她成了张家九个孩子的继母。

没有谁对谁错，只是相处起来，总有些怪怪的。张家人感怀之前的女主人，对韦均一的感情是无法与陆英等同的。大小姐元和仅比韦均一小7岁，让一个16岁的姑娘称23岁的姑娘为"妈妈"，总是让人觉得不舒服。三姐妹对她的抵触情绪越发强烈，允和更是个眼里揉不得沙子的姑娘，向来脾气火暴，有时候甚至不得不避到姑奶奶家中去。姑奶奶便时常劝她："干吗糟蹋自己？气坏了自己的身子，又有什么好处呢？"三姐妹看到父亲对继母一如对生母般温情，觉得父亲已经忘了生母，不禁又伤心又愤慨。

没有人愿意成为别人的影子。韦均一虽然没有见过陆英，但是从张家人对陆英的种种感念中，她能感受到陆英在这个家中的威望。她时常感到一种压抑感和无力感，越是如此，她越是想努力地抹掉有关陆英的一切。

韦均一与陆英完全是两种性格。接受过新式教育的她是不会甘心像陆英那样守在家里专心相夫教子的。张冀牖对她也很体贴，知道她喜欢看戏，便时常带着她去上海看戏。虽然苏州也有戏院，但和上海相比还是要逊色不少。

韦均一嫁入张家不久，陆续生了两个小孩儿，但两个孩子都不幸夭折了。等怀三胎时，她直接住回了娘家。没想这一胎孩子养活了，是个男孩儿，名叫张宁和。不过这个孩子与韦均一并不亲近，反而是和那些同父异母的哥哥姐姐们非常要好。

韦均一喜欢绘画，后来从1932年到1935年，一直在上海学画。在张冀牖的事业上，她也做出了很多贡献。她一度出任乐益女中的校长，当然，这些也得益于张冀牖的大力支持。他对妻子一直是关怀体贴的，但是家中其他人并不能像他一样包容她的一切，顶撞之事时常发生。

而此时远在合肥的四小姐充和对家中的变故只能通过一封封电报与书信来了解。时间一天天流逝，她在书香墨韵中如一朵兰花般袅娜的长大。她是四姐妹中最具才情的，这得益于养祖母识修对她慈爱而不失严格的教诲。

从充和16岁那年起，识修的身体越来越虚弱。即便是这样，她依然督促着充和学习，还要她背诵司马迁《史记》中的篇目。寿数将尽的人犹如油灯将枯，识修知道自己的时间不多了，她开始着手立下遗嘱。由于识修名下还有一个过继的儿子，按照规矩，儿子自然有继承权。但是这个儿子挥霍无度，为此，她在立遗嘱时特意指明，田产由充和继承，因为她知道，这个"父亲"是不会给充和留一分钱的，他的无度挥霍，仿佛是要为落败的张家画上最后的句号。识修的做法合乎规矩，因此张家人也说不出什么来。充和深感祖母的良苦用心，那些地契，她一辈子都仔细保存着，即便后来已经成了几张没用的废纸。因为那些地契里保存着祖母心灵的温度，无论在什么时候，只要想到自己还有地契，便觉得充满希望。

充和是看着养祖母咽气的，她一直守在老人家的床榻边。按照当地的规矩，在正式的葬礼举行之前，大家是不可以哭泣的，免得让人乱了方寸。那种死一般的寂静更令人心碎，充和强忍悲痛看着仆人为养祖母净身、穿上佛教徒的殓衣，然后被抬入棺木，盖上棺盖，钉上钉子。

多年来的养育之恩、教诲之情，那些逝去的岁月里的无限美好，都犹如决堤的洪水撞击着少女的心。那种肝肠寸断的痛，令16岁的充和不堪承受，竟昏厥倒地。

养祖母去世后，在合肥生活了16年的充和终于正式回到张家。此前虽然回来过多次，但都像客人一般，住几天就回合肥了，这一次，这里将成为她的家，成为她以后生活的地方。

以前回来时，充和和三个姐姐总显得有些格格不入。就像是乡下孩子进了城一般，对三个姐姐所热衷的舞蹈、体育等运动总是不甚了解。但是要论古文功底，却没有人能比得过她。充和回家这一年，三个姐姐都已经在上海读大学，她在父亲的安排下到乐益女中读完初中，之后也像三个姐姐一样去上海读大学。

四姐妹青春洋溢，她们犹如四朵俏丽的花，竞相绽放在属于自己的春天里。

## 第二章 邂逅知音 大小姐张元和的昆曲岁月

## 海霞中学

昆曲的旋律犹如一只蝴蝶的优雅舞蹈,彩色的翅膀翩跹着那些动人的岁月。元和最爱昆曲,当她登上舞台唱起戏词,像是换了个人,她完全沉醉于旋律与故事中,仿若故事中的主角。那样优雅的唱腔与动人的身段,令每一位观众为之陶醉。

元和是长姐,她给妹妹和弟弟们留下的印象一直是严肃甚至有些冷淡的。她老成持重,生活中与大家的交集相对较少,只与允和、兆和在一起的时候较多。元和表面看起来像是那种"任是无情也动人"的冰美人,但实际上内心热情如火,无论是对事业还是爱情,她总是坚守着自己的执着。

在乐益女中读书时,有一位名叫凌海霞的女老师对她关爱有加。凌海霞家在海门,虽然不如张家家财万贯,但也算得上殷实富裕。她家中也有一座可供散步的花园,里面栽种着梅花、石榴，也有清澈漂亮的水池，里面常年养着金鱼、乌龟。据说凌海霞直到9岁才学会说话，16岁才上小学一年级。不过她只用了两年的时间就完成了小学学业，然后读了六年的师范学校，之后又去上海的一所天主教大学读了六年，还在北京的一所职业学校学习了一年银行学。但是由于北方爆发内战，她只好放弃了银行学的学位，回到家乡在乐益女中做了一名教师。

凌海霞很喜欢孩子，对于元和这样漂亮文静的女孩子更是格外喜欢。对一个人的喜欢总能激发自己强烈的保护欲，在凌海霞看来，元和这孩子太脆弱、太需要人保护了，就像一朵温室的娇嫩花朵，必须时刻精心呵护。她总是无微不至地照顾元和，两人的关系也越发亲密起来。

事实上，当时的元和并没有那么娇弱。她身材姣好、面貌清秀，在1925年至1926年期间还积极参加了很多活动，在学校的演出活动中，她常常负责设计服装和舞台背景，并多次在戏中担任主角。她的生活丰富多彩，对于凌海霞的照顾，她一直心存感激。

那时凌海霞已经30多岁了，一直没有结婚。她精明强干，做事情雷厉风行，对别人犹如寒冬冰雪，唯独对元和像三春暖阳。时间久了，难免传出一些流言蜚语，有人觉得凌海霞的行为有些怪异，便将这件事告诉了正担任校长职务的韦均一。

韦均一虽然名义上是元和的继母，但年纪很轻，并没有处理这种事情的经验。无论如何,她不希望元和被那些流言蜚语伤害,因此在第二个学年,她没有继续聘用凌海霞。

凌海霞对元和到底有着怎样的感情?我们无从得知。虽然有许多捕风捉影的揣测,但终无定论。不过,凌海霞是个精干的女强人,这一点是必须肯定的。她对元和的成长有着重要影响,或许,元和在生母去世后,缺失的那一份母爱,在凌海霞身上得到了补偿。而凌海霞对元和那种超于常人的关怀,也犹如母亲对女儿的疼爱。她没有丈夫,自然也没有子女,但是30多岁的女人很容易产生一种母性情怀,当她看到花蕾一般的元和时,这种温柔细腻的情怀得到了释放。

无论如何,在冰冷的现实面前,凌海霞只能离开乐益女中,告别心爱的学生。不过,她的教育事业并没有因此荒废,她的父亲和哥哥出资在海门建了一所学校,并且以她的名字命名,即"海霞学校",由她担任校长。

元和对于继母的决定一直耿耿于怀,所以在凌海霞离开后,她转到了南京的一所寄宿学校就读,高中毕业后进入上海大夏大学。在那儿,元和因品貌出众、多才多艺而成了大家关注的对象,甚至还被同学列入了"四大天王"之一。所谓"四大天王",便是"皇后"元和、"安琪儿"方英达、"玫瑰"李芝、"蝴蝶"李芸。

同一时期,凌海霞也离开了自己的学校,来到大夏大学任教。那时元和刚读大一,对于凌海霞的到来非常惊喜。没有人知道这是出于偶然，还是在凌海霞精心安排下的必然。不过，凌海霞的确有过人的才干，在大夏大学，她如鱼得水，表现得非常出色。

在美好的大学时光中，看演出是元和的一大热爱，她经常和几个同学去看白天场的演出，因为白天场的票价比晚场便宜一半。昆曲、京剧、地方戏、话剧、歌舞剧甚至魔术等轮番上演，花样繁多，很是有趣。

她们常去的戏院里有一位挂头牌的演员，名叫顾传玠。他风度翩翩、容貌俊朗，言谈举止间总是充满儒雅气质。他台风潇洒，非常适合也非常擅长扮演帝王，尤其是悲剧帝王，如唐明皇、崇祯帝等。他演出时非常投入，给人一种身临其境的感觉。他在演出时有个皱眉的习惯动作，而这个小动作也恰恰成了他独特的风格，使他所演绎的悲剧英雄更加真实。有一次，在他饰演唐明皇的戏中，在唱完"恨只恨，三百年皇图一旦抛"后，一种刻骨铭心的苦痛一股脑儿地撞击开来，他匆匆下场，一到后台，竟"哇"地吐出一口鲜血。此后，这折戏他便不常演唱了。

与顾传玠一同学习、一起长大的周传瑛曾说："大多数人要学戏，也都投'大京班'，很少有人学昆剧的了。我们这些孩子，一则是家里穷，二则是学堂好，三则是都是苏州人。"因此，顾传玠学了昆曲。

昆剧传习所是由当时著名的实业家穆藕初创办的。他曾在美国留学，获得了伊利诺伊大学农学学士学位、得州农工大学纺织工业硕士学位，回国后在上海创办了纱厂及银行。有一次，他和一些昆曲专家及爱好者讨论昆曲的发展问题，在意识到昆曲式微后，他决定出资建设一所专门招收男生的昆曲学校，并由个人承担全部费用。这所学校，便是顾传玠所在的昆曲传习所。"传习"二字来源于《论语》中曾参的那句"传不习乎"，因此顾传玠这一辈的学员艺名中都带个"传"字，这是表明辈分的。

这是一所新式学堂，学生在接受昆曲训练之外，还要练习读写。学校提供食宿，指导老师全是全福班的老演员，其中有一位还是元和的老师尤彩云。

顾传玠在上海登台演出后，名声越来越大，甚至有很多观众专门为他而来。元和与朋友们是顾传玠的戏迷，但喜欢归喜欢，她们并没有像当时大上海的那些贵妇小姐们一样捧角，所谓"君子之交淡如水"，对喜欢的演员，应该也是如此。

有一次，元和与几个女同学一起写了封信给顾传玠，希望他能演出《牡丹亭》中的《拾画·叫画》这一折。这出戏很少上演，因为男主角需要从头唱到尾，对演员来说是个不小的挑战。很多年后，元和回忆起这件事来，还清楚地记得那封信的开头："叨在同好，兼有文谊！"不知道顾传玠收到这封信时是何心情。那时他怎知，这几个写信的女孩子中，有一个竟会成为他此生相依相伴的人？几个星期后，当元和与那几个女同学来看戏时，惊喜地看到，顾传玠竟然真的唱了这出戏。后来元和回忆说："我们简直不敢相信，他的演出精彩极了！"

在那段时间里，凌海霞也时常与元和在一起。不过，海门县教育局一直希望凌海霞能回去，并打算让她担任县立女子中学的校长。凌海霞有意接受聘请，但深入了解后发现情况很复杂——海门县立女中规模很大，而且受地方政府控制。

光阴似箭，转眼间元和大学毕业，即将踏入社会。对此，凌海霞早有计划，她立即聘请元和到自己的海霞中学担任教导主任职务。

没有人知道元和此刻的心情，是一切都被精心规划好的心满意足，还是处处受到控制的羁绊束缚，抑或是渴望冲破樊笼的冲动？凌海霞有着强烈的占有欲和控制欲，从学习到工作，乃至生活的方方面面，处处为元和精打细算和把控。她以元和的干姐姐自居，每到寒暑假，就把元和接到自己家里。元和的诸多追求者，大多被她挡在门外，只有少数人才能通过她的审查走进元和的视野。这对元和来说或许也是一件好事，毕竟，元和对那些追求者没有兴趣。

从1931年至1935年，元和在海霞中学工作了整整四年。这段时间里，她与家中联系不多。也恰是在这段时间，16岁的小四妹充和回到家中，姐妹俩的交集非常少，事实上在充和刚回家的那段时间，与允和、兆和的交集也不算多——允和与兆和也都在外读书，倒是与继母韦均一在一起的时间多一些。她对韦均一并没有那么强烈的排斥感,甚至颇能理解她。

一件意外的事打破了元和与充和之间的隔阂,也改变了元和的生活轨迹。若非此事,不知道元和还会在海霞中学工作多久。

兆和与沈从文结婚(详见第四章)并定居北平后,充和也一起来到了北平,并考入了北京大学。大二那年的某一天,她像往常一样骑着脚踏车,不料出了事故,受了轻伤。虽然伤势没有大碍,但是在检查的过程中,她被告知患上了严重的肺结核。

家人得知后都担心不已。长姐如母,元和知道后更是心焦不已,虽然她与小四妹的交集不多,但血浓于水的亲情,让她如何不着急?于是她赶紧放下手头的工作,去北平把妹妹接回家。

元和很久没有回到苏州的家,到家后,她本可以继续回海霞中学任教的,但是她没有再回去,而是决定留在家里。也许,她在海霞中学并不快乐,离开海霞中学的那一刻起,属于她自己的人生才真正开始。

# 昆曲为媒

在苏州的家中,元和与充和一起向周传瑛先生学习昆曲。很久以前,元和曾向尤彩云先生学习昆曲,所唱的多是旦角,而周传瑛先生擅长扮演男性角色,尤其是巾生和官生(年轻的书生和官员)。

在练习中,元和与充和经常一起配戏——元和是男角,充和是女角。如果女角缺人,元和也可以马上转换成女角。姐妹俩配戏默契,感情也越发笃厚。

元和曾说:"演什么角色都要入戏,如果你把这个角色的唱工、做工里面最细腻独特的地方都学会了,那么女演男角、女演女角都不是问题,因为艺术无关乎你本人是谁。"她在别人的故事里寻找着自己的影子,在那些婉转缠绵的唱腔中绽放着青春的光彩。在元和看来,演戏就是要全身心地投入进去,不能把自己的东西带到舞台上去。换上戏服、涂上油彩,你便不再是自己。

充和对姐姐的观点非常赞同。因此她也下定决心,决不迷恋任何演员,因为"感情的牵扯会毁了艺术"。

但是爱情的降临总是毫无征兆,谁都没有想到,作为大小姐的元和竟会爱上一名演员。或许元和自己也没有想到,曾经喜爱过的一位偶像,竟会真的成了与自己白头偕老的人。

在海门的那四年中,元和的情感世界一片空白。回到苏州时,她已经28岁,在那个年代,这个年龄的姑娘早已结婚生子。或许是那四年中,元和逐渐意识到不能像凌海霞那样生活,对于爱情与婚姻,她渐渐有了些向往与期盼。

那时宗和、寅和已经长大,兄弟俩都在南京读书。无巧不成书,他们与顾传玠在同一所学校,三个人相处不错,顾传玠也时常和两个同学来张家。顾传玠曾经是大上海最红的小生,他的唱腔、身姿,不知令多少少女迷醉。不过,他并没有一直唱下去,而是离开了戏班,开始正儿八经地读书。

这还要从1927年说起。当时昆曲传习所的创办者穆藕初的纱厂遇到了严重的财政危机,只好撤回了对传习所的赞助,传习所由另外两个实业家——严惠宇、陶希泉接手。此前,戏班的同学无论演什么角色的都是平等的,大家一起吃饭、拿同样的酬劳,彼此非常融洽。但是严惠宇、陶希泉在接管后,更改了很多制度,还建立了"捧角制"——把个别优秀的、为他们所赏识的演员带在身边，吃穿住行都比别人高许多档次。这虽然使那些优秀的演员有了更好的发展，但是却破坏了演员之间深厚的友谊。周传瑛认为，这也"破坏了演出的水准和戏德"。

1931年，也就是元和大学毕业后去海霞学校工作的那一年，严惠宇断绝了与传习所的一切关系，传习所的演员只能自谋生路。不过，他们为最喜欢的三个演员提供了一条比较好的出路——资助他们读大学。最后，只有顾传玠接受了资助，离开舞台开始了大学生活。

严惠宇虽然很认可顾传玠的能力，但他觉得，唱戏毕竟是没有多好的出路的，因此鼓励他转行。事实证明，顾传玠的选择是正确的。他的师兄弟们自己洽谈演出合同，自己做宣传，传习所也算勉强维持下来。但后来由于战乱，听戏的人更少了，演员们也没有了固定的演出场所，有些人改行做了茶房，有些人做起了按日计酬的临时工，甚至还有人做了算命先生。人与人的命运总是千差万别，当初有着共同起点的人，最后却相别天壤。

顾传玠读大学后便淡出了公众视野，有几次他和张寅和、张宗和来到张家时，元和正在向周先生学小生戏。那时候元和与他不相熟，见顾传玠到访，总是停下来不再唱。想起大学时代舞台上那个潇洒俊朗的小生，以及那时对他的种种喜欢，元和不禁面颊绯红。不过，元和与顾传玠依然不熟，两人只是彼此客气地见礼,却不知一场美好的姻缘正悄然铺陈开来。

1936年,昆山救火会举行义演。这是一场昆曲盛宴,无论是职业艺人还是业余爱好者都可参加。顾传玠在退出舞台后很少在公开场合登台,有时候师兄弟们有演出,他偶尔会唱一两场,不仅是为了怀旧,也是感念同门师兄弟的情谊。不过毕竟太长时间不练习,他的唱功和台风多多少少都有些退步。

退出舞台后的顾传玠不太喜欢在公众面前露面,之所以要来参加昆山救火会,据说是为了一个姑娘。那位姑娘也是来自苏州,是个纱厂老板的女儿,也是个昆曲爱好者。那时顾传玠正在追求她,但是姑娘家里并不看好他,对于他曾经的艺人身份非常介意,也不许她再唱戏。

在那个新旧交织的年代,虽然有一些开明人士对于戏曲艺人已经能够平等相待,但也有一些深受传统观念束缚的人,常常戴着有色眼镜看待他们,甚至轻蔑地称他们为"戏子"。

由于受到家庭阻碍,那位姑娘与顾传玠在一起的机会少之又少。而昆山救火会是个相见的好机会,因此两人都来了。元和也认识这位姑娘,她们曾在苏州参加了同一个曲社,并在《红梨记》中演对手戏——元和扮演男角,那位姑娘扮演女角。

在昆山救火会的义演中,顾传玠扮演了《惊变》中的唐明皇和《见娘》中的小官生王十朋。

张冀牖最喜欢顾传玠唱的《见娘》。记得之前,他还曾让元和学习《见娘》中王十朋的唱段,但是元和觉得自己嗓音不合适,一直没有学,颇为遗憾。当得知顾传玠要演王十朋时,元和立刻给苏州的父亲打电话。张冀牖知道后非常开心,特意雇了辆汽车,带着宗和、寅和、寰和、宁和以及宁和的家庭教师等一大家子人浩浩荡荡来到昆山观看这场义演。

《惊变》是《长生殿》中的第二十四出,开场是唐明皇与杨贵妃在御花园中饮酒赏月,杨贵妃醉意朦胧,唐明皇欣赏着她娇美的醉态唱道:

> 我这里无语持觞仔细看,
> 早只见花一朵上腮间。
> 一会价软哈哈柳嚲花欹,
> 软哈哈柳嚲花欹,
> 困腾腾莺娇燕懒。

当宫女们将娇弱无力的杨贵妃扶回房时,唐明皇看着她的背影,目光中满是怜爱。恰在这情意缠绵之时,气氛陡然一变,远方传来战鼓声,宰相上场禀告:"安禄山起兵造反,杀过潼关,不日就到长安了!"唐明皇焦虑不已,语速也随之加快,一面思索如何应敌,一面担心杨贵妃可能会受到牵连。这一出戏,要将唐明皇的情感转变完全呈现出来,是有一定难度的。而《见娘》比这一出戏难很多。戏中小官生王十朋辞别母亲和妻子钱玉莲进京赶考，高中状元后却被丞相看重，想要招赘他做上门女婿，王十朋坚决拒绝，丞相恼羞成怒后将王十朋调任至广东。王十朋写了一封家书，却被人恶意篡改成了休书，钱玉莲收到后悲痛欲绝，继母也逼她改嫁，走投无路的钱玉莲愤而投江，幸被人救起，后来几经辗转，夫妻二人才终于破镜重圆。顾传玠要演的，是钱玉莲投江后，王母去寻找儿子的那一出。母子相见后，王母没有丝毫喜色，反而更加悲伤。王十朋此时困惑焦虑：妻子身在何处？她与婆婆相处怎样？身体怎样？有无生病？但是面对母亲，他又不能急切地把这些忧虑吐露出来，一面强忍焦灼，一面安慰母亲，这种表情及内心的演绎对于演员来说是非常有难度的。

演出非常成功。顾传玠在义演的第一天演出了《见娘》，第二天演出了《惊变》，等到第三天已经精疲力竭，实在无力登台了。但即便在后台，他也闲不得——张宗和、张寅和也在场，他们央求顾传玠私下里唱一出《太白醉写》（顾传玠曾经向昆曲的一代宗师沈月泉学习这个角色）。缠不过两个同学，他只好应允。他将李白的才华横溢、恃才傲物、醉意熏熏演绎得淋漓尽致。后来回忆起那晚的情景，元和说顾传玠演出的李白令人叫绝。或许，彼时彼刻顾传玠的精彩演绎勾起了她读大学时去戏院里看他唱戏的回忆。

顾传玠比元和小两岁，彼时元和对他的感情，更多的是一种粉丝对偶像的喜爱，还谈不上爱情。元和甚至还试着撮合顾传玠和那个纱厂老板的女儿，得知姑娘被家里所阻，她便劝姑娘与顾传玠私奔。但这个提议让姑娘很是惊骇，她无法抛下一切与心爱的人一走了之。或许，如果是元和，会有这样的勇气吧。不过元和也不需要这样做，因为张家向来开明，并不像有些人一样看低戏曲艺人。

在当时，有很多戏曲艺人去大户人家做昆曲教师，他们不可以和弟子同吃同住，一天下来，往往要教上好几个小时，到了晚上，他们还得回到自己的住处过夜。那些唱着高雅艺术的艺人，在当时却被视为低贱的人，正所谓"家有三斗粮，不入梨园行"。一旦入了这个行，大多一辈子都要在世人的鄙夷目光里生活。

由于那时昆曲式微，很多昆曲职业演员失业后纷纷改行，少数热爱昆曲的戏迷便很难有串戏的机会，于是一些昆曲爱好者组建了自己的曲社，元和与充和也都参加了这样的曲社。有时候，几个曲社一起包场演出，演出的费用及行头都是由有钱人家的弟子们赞助的。演出时，他们自然是主角，而他们的老师往往只能跑龙套。

不过，张家人非常开明，他们对待戏曲艺人从无歧视，对待来张家教授昆曲的老师们更是格外敬重，正如充和所说："艺人来你家教昆曲，可是连跟你同桌吃顿饭都不行。我们家是例外，父亲不在乎这些规矩。"

张家四姐妹虽然性情各异，但她们有一个共同点——温柔中带着刚强。无论是才情兼备的小四妹充和,还是冰美人一般的大姐元和,都有一种刚柔相济的气质。当名门闺秀张元和爱上曾是艺人的顾传玠时,除了张家人,大多数人都不太看好这段感情。在他们看来,这两人之间绵亘着不可逾越的鸿沟,他们这辈子都是有缘无分的。即便顾传玠已经"从良",但洗不掉他曾为"戏子"的历史。不过,元和并不在意这些,甚至恰恰是因为他有着这样的历史,她才更爱他。

# "张家闺秀下嫁戏子顾传玠"

顾传玠的资助人严惠宇非常看重人才，他曾出资资助过很多青年读书，或是在国内读大学，或是出国留学，其中有很多是他根本不认识的。顾传玠虽然在传习所学习了读书写字，但毕竟以昆曲学习为主，对文化课程的学习是有限的。但他非常聪明，对文化课的学习掌握得很快，后来他考进了南京金陵大学。在严惠宇的建议下，他学习了农业知识。

严惠宇非常看重顾传玠，甚至打算把大女儿嫁给他，他的大女儿比顾传玠小11岁，如果顾传玠同意这门亲事，"严惠宇女婿"的身份将为他带来的将不仅有巨额的财富，还有显赫的社会地位。

不过，顾传玠并不为所动。他有自己的追求，他的爱人应是志同道合的知己，而元和恰恰是这个人。

昆山救火会没有促成顾传玠与那位纱厂老板的女儿的姻缘，却让元和与他有了更多的交集。那位姑娘终究是深受家中的传统观念束缚，没能勇敢地挣脱封建礼教的桎梏。而元和与顾传玠却因为共同的志趣越走越近，昆曲成了他们之间最好的媒人。

在昆山救火会兴行义演的第二年爆发了抗日战争，顾传玠在上海执教于师承中学。8月13日，日本对上海进行了惨无人道的大轰炸，炸毁了几家百货公司及大世界游艺场，顾传玠曾在的戏班也彻底解散。大多数人命运坎坷，晚景凄凉，而顾传玠却因急流勇退而获得了安稳的生活。在战争年代，昆曲艺术犹如一件易碎的奢侈品，将其作为谋生技能已经毫无可能，大多数人都是将之抛弃，而顾传玠和张元和却依然小心翼翼地呵护着它。他们私下里彼此切磋，共同探讨关于昆曲的种种问题。两颗心在战火的凛冽硝烟中逐渐贴近，即便身处动荡岁月，爱情依然如顽强的花种，在荒芜里绽放出坚韧而璀璨的光芒。

元和本来是有机会离开战区的，1938年，元和与允和一起住在汉口，那时日本已经在上海集结军队，在上海的很多人都敏感地意识到了危机而纷纷逃离，允和则打算带着孩子前往四川，元和完全可以和他们一起走，但是她却做了个勇敢的"逆行者"——回到上海，因为她最爱的人——顾传玠在那里，以姐妹相称的凌海霞也在那里。

允和到四川后写信给元和说:"四弟、五弟、四妹都在四川,你也来吧。"元和当时还在汉口,她回信说:"我现在是去四川还是到上海一时决定不了,上海有一个人对我很好,我也对他好,但这件事(结婚)是不大可能的事。"

允和收到大姐的回信后虽然担心她的安危,但更多的是为她踏出追求爱情的脚步而高兴。她回信道:"此人是不是一介之玉?如是,嫁他!"

当时元和对这段感情有些信心不足,不过,她最后还是选择去了上海,允和的那封信给了她很大的信心与勇气。从某种程度上讲,允和也算是为大姐做了一半的媒人。元和是张家兄弟姐妹中唯一一个没有离开战区的。虽然危险,但元和并不觉得害怕,能与心爱的人在一起,便是最大的安全感。

对于元和与顾传玠的交往,张冀牖是支持的。虽然有些风言风语,但他并没有在意。张冀牖是开明的,在他看来,艺人与所有自食其力的人一样,应受到尊重。在战火烽烟中,很多人都搬离了战区,但是张冀牖因为学校的缘故没有离开。乐益女中是他的心血,学校和学生也是他最牵挂的。

元和与顾传玠的感情日渐升温。1938年,他们决定在农历十二月十五订婚,那一天也是顾传玠的生日。

然而,就在元和准备征求父亲同意时,却忽然传来噩耗——日本人在井水中投毒,张冀牖因为喝了有毒的井水患上了痢疾,1938年10月13日,一代教育家与世长辞,终年49岁。

本想穿上嫁衣站在父亲面前，让父亲见证自己的幸福，却万万没想到，父亲再也不能看着她走进婚姻的殿堂。元和悲痛不已，她只好给身在各地的妹妹、弟弟们一一发电报："父逝，告弟妹。元。"

简单而苍白的文字，承载不下肝肠寸断的痛。

多年以后，元和在《慈父》一文中悲痛地回忆了噩耗传来后的情景："我躺在床上，痛哭失声说：'爸爸，我正要征求你的同意，在农历十二月十五日（顾志成生日）与他订婚，您却仙逝了。'"

父亲的去世，对张家的十个姐弟来说是沉重的打击。在元和的印象里，父亲是那样慈爱，她记得父亲带他们去上海时，总喜欢带他们去吃小馆子。元和喜欢一家的鸭汤馄饨及一品香的西餐纸包虾。她记得父亲在上海旅馆时，衣橱里总是堆满了书，记得父亲喜欢照相机、留声机，有新品上市，总要买上一台。她记得父亲总是那么温和，在她的印象里，只见过一次父亲生气——也仅仅是给了杨三一记"毛栗子"（用手指敲额头），原因是杨三赌钱误了事。

这样一位好父亲，竟未得天年，溘然长逝！

那时允和与周有光住在重庆七星岗嘉庐，周有光在下午收到了元和发来的电报。大约是不知道该怎么和妻子说，怕她太过伤心，到第二天下班回来，他才把这封电报拿给允和看。允和顿时脑子里"轰"的一下子，那一刻，她只觉手脚冰凉，整个冬天的寒冷加在一起,也难抵那一刻她心中的彻骨寒凉。

她把电报压在枕边,整整一夜,她都无法入眠。

张冀牖一生的功绩不仅在教育事业上,也为中国革命事业做出了贡献。著名教育家叶圣陶曾评价张冀牖说:"许多早期的共产党员,如侯绍裘、叶天底,还有张闻天等同志,他们把乐益作为开展革命的据点。有的在乐益教书,有的暂住乐益隐蔽。张老先生很了不起,他自己出钱办学校,把许多外地的青年请到苏州来教书。他大概不知道他们是共产党员,只觉得他们年轻有为,就把他们请来了,共产党从此在苏州有了立足的地方。"

张冀牖去世时,陆英所生的九个孩子都没能陪在他身边,只有续弦韦均一及幼子张宁和送了他最后一程。五年后,张寰和回到合肥故乡,主持了父亲的灵柩落葬仪式,将父亲与母亲陆英合葬。

在这场悲欢离合中,最落寞的应是韦均一。在丈夫去世后,她还是个妙龄少妇。从此四十年寡居,直至20世纪80年代孤独离世,其中的寂寞冷清,大概只有她自己知晓。她曾写过悼亡诗悼念丈夫,其中一首如下:

不解怀人不受怜,生来未惯为情牵。

而今识得个中味,早隔幽冥路几千。

诗中情愫，是在悼念亡夫，也是感怀自身。

在父亲去世后，元和花了很长一段时间来抚平心中的悲痛，所幸，顾传玠始终在她身旁，陪她度过了最痛苦的时光。1939年4月21日，元和终于如愿与顾传玠走进婚姻的殿堂。

消息传出，众皆哗然，上海的许多报刊都纷纷刊出了"张家闺秀下嫁戏子顾传玠"的字样，以此为题大肆渲染。人们无法理解张元和——好好的一个名门闺秀，何必要自降身价嫁给一个"戏子"呢？而对于顾传玠，很多人又极其羡慕——能够娶到张家闺秀，成为张家的女婿，这是何等荣耀的一件事！

不管外界怎样看待，元和与顾传玠的婚后生活非常幸福美满。他们经常在阳台上唱曲，一起探讨昆剧的表演艺术，有时候也吹笛伴奏——在昆曲中，笛子是非常重要的伴奏乐器。

有时候，顾传玠如果心情很好，到家后会给元和展示一个特技动作，比如一个吊毛——身体向前翻滚，并腾空跃起，然后优雅轻盈地落到床上。

多年以后，当元和回忆起那样的场景，依然恍如昨日。嫁给爱情，是她此生最完美的幸福。

随着年龄的增长，顾传玠越来越喜欢反省自己。他觉得自己以前和师兄弟在一起时过于骄傲自大，并总结了八条"处世要诀"，如"尊崇人""掩人之短、阐人之长""以他人意见当作自己意见来考虑"等，并亲笔书写后悬挂在写字台旁边，将其作为自己的座右铭。

结婚后，顾传玠曾尝试过投资股票、烟草等，甚至卖过中药、开过毛绒制品店，但大多不太成功。每次创业失败，元和都不抱怨，而是默默地站在他身旁，给他安慰与鼓励。"玠"为美玉，元和又何尝不是一块晶莹的美玉呢？他们的婚姻不是轰轰烈烈的，而是温润祥和的，任凭岁月的波澜席卷，他们始终怡然自得。即便战火烽烟，他们依然保持着对昆曲的热爱。他们时常举行一些活动，与同样爱好昆曲的票友一起切磋昆曲艺术。1941年以后，日本全面控制了上海，并关闭了所有戏院，报社与出版社也同样被关停。虽然戏院被关闭了，但业余昆曲剧社依然活跃着，热爱昆曲的票友们每周都会举行一两次小型聚会，每个月会有一次大型正式的聚会，一般是下午演出，晚饭后继续演唱。

总有一些热爱是深入骨髓的，任凭这世界星移斗转，他们依然保有最初的热爱。元和与顾传玠，是用一生的时光，守护了最爱的艺术。

## 母女生离之痛

婚后的元和生活很幸福,没过多久,她就怀孕了。即将为人母的她越发沉浸在幸福中,顾传玠也非常温柔体贴。十月临盆,元和生下了一名女婴,孩子遗传了父母的良好基因,是个很漂亮的女孩儿。

顾传玠非常开心,为女儿取名"珏","珏"意为"双玉"。十八个月后,元和第二次怀孕,但遗憾的是这个孩子没能保住。流产后,凌海霞特意前来看望她。

那时候凌海霞的学校早已被迫关停,她一直没有结婚,对于元和与顾传玠的婚姻,她一直是反对的,但是后来知道元和心意已决,她也只能像亲姐姐一般祝福她,甚至还拿了一笔钱来为他们购置新家。得知元和流产,她很担心。见元和身体有待康复,便提出帮她照顾顾珏的想法。

当时说好的仅仅是帮忙照顾，元和也便同意了，并让奶妈也跟着去了。但令元和万万想不到的是，顾珏竟从此成了凌海霞的女儿，这位她敬重的干姐姐，竟然再也没有把顾珏还给她，甚至还为顾珏改名为"凌宏"。连姓氏都改了，更意味着要据为己有。

顾传玠和元和知道后都非常生气，顾传玠的母亲劝他们道："她爱怎么做都随她吧。名字改了也罢，女孩子总有一天要出嫁，反正也要改姓的。名字算得了什么呢！"不过，母亲的劝说并不能让夫妻俩释怀，在顾传玠看来，是凌海霞硬生生抢走了他最心爱的女儿。

母女生离，元和心中的难过可想而知。令人唏嘘的是，顾珏彻底成了"凌宏"，与父母非常生分。后来顾传玠夫妻俩搬去台湾，初时还能正常往来，他们曾写信给凌海霞，让她把女儿送到台湾，但是凌海霞一直拖延时日，直到断了联系，顾珏也没有被送回父母身边。

在顾珏被凌海霞抱走的第二年，元和又生下了一个男孩儿，顾传玠为他取名"圭"。

儿子的降生，抚慰了夫妻俩心中的伤痛，但是女儿顾珏却是他们终生的遗憾。

## 未出梨园

1945年抗战胜利后,张家兄弟姐妹终于团聚,大家聚在元和家里,床上睡不下便打地铺,一家人其乐融融,彻夜长谈。然而好景不长,接下来又爆发了内战。

顾传玠意识到曾经的艺人身份会给自己带来麻烦,他告诉元和,他们必须去台湾,即便元和不去,他也要自己前往。最后经过一番商讨,他们决定举家迁往台湾。他们只有几天准备行装的时间,顾传玠通过朋友买到了六张船票,带着妻子元和、儿子顾圭、母亲、儿子的保姆以及高干干的外孙女一起乘船离开了大陆。

这一别,便是山长水阔,许多人、许多事,都成了记忆里的云烟。彼时顾珏依然和凌海霞在一起,虽然夫妻俩到台湾后写过信给她,希望她能把女儿送到台湾去,但是凌海霞迟迟没有把女儿送还。元和与女儿的这一别，间隔了三十一年。当她再次见到女儿时，自己已经是一位白发苍苍的老人，顾传玠、凌海霞也都离开了人世。

凌海霞这边，虽然有了"女儿"的陪伴，但生活并不算幸福。在海门的学校被迫关停后，她便放弃了教职，生活来源主要依靠哥哥的资助，后来哥哥的资助也断了。凌海霞没有了经济来源后，一切只能靠自己了。她曾尝试着种植茉莉花，但这是个非常辛苦的工作，每当春夏时节，她必须每天走好几里路去照看茉莉花，酷暑时节，正是采摘茉莉花苞的时候，她必须在这种酷热中工作。几年后，凌海霞放弃了种植茉莉花，转为养殖供实验用的小白鼠，以此谋生。

顾传玠迁到台湾后生活也不如意。他曾计划开一个蘑菇养殖场，或者自创啤酒品牌。然而计划很好，实行起来却是困难百出，不仅没有赚到钱，还辗转欠了债。一些戏曲界的人士曾经找过他，希望他能助力台湾的昆曲复兴事业。遗憾的是顾传玠没有答应，他甚至再未登台演出，曾经那个俊朗儒雅的小生成了人们心中永远的回忆。

顾传玠拒绝公开演唱昆曲，并不是因为不再热爱昆曲，相反，他对昆曲的热爱维持了一辈子。他性格固执，即便是元和也劝不动他。在家中时，他常常饰演悲剧英雄，那些醉心的演唱，只有元和一个听众。

1966年初，顾传玠患上肝炎，病情逐渐加重，至4月份，便与世长辞。

这一生的相濡以沫,是元和最美好的感情。她爱了他一辈子,相扶相携了一辈子,但人生总有生死离别,无人可免。

丈夫去世后,元和再次在票友演出中登台。就像多年前一样,她可以饰演女性角色,也能反串男性角色,戏腔身段似乎一如从前。有一次,她饰演《长生殿·埋玉》中的唐明皇。在这出戏中,唐明皇迫于无奈让最心爱的妃子杨玉环自尽。在戏的结尾是杨玉环下葬,她的身体被锦被包裹着草草安放在浅坟中的情景。当时"埋玉"的元和还没有太大感觉,但是后来回忆起那天的场景,她感慨万千:"原来我埋的不是杨玉环,而是顾传玠这块玉啊!"

"玠"为美玉,对她来说,顾传玠便是那无可替代的晶莹美玉,她与他因戏结缘,这一生的时光里,无处不飘扬着那悠扬的戏曲声,他们冲破了世俗的阻碍勇敢地走到一起,戏里戏外,都是传奇。

# 暮年拾梦

元和离开大陆赴台是为了顾传玠，爱人不在，她也没有了留下的必要，于是，赴美去找四妹充和。从此，元和定居美国，守着与顾传玠的美好回忆，孤独终老。

不过，元和的优雅精致足以抵抗那些孤独。她热衷于昆曲，少年时曾有过当明星的梦想。张冀牖还曾打算开办电影公司，但后来开了学校，开电影公司的愿望一直没能实现。人至暮年，元和以为，曾经的明星梦已是年少时的幻想，却没想到在20世纪90年代迎来了实现的机会。

1992年10月，元和的好友徐樱忽然找她去拍电影《喜福会》，导演是美籍华人王颖。影片讲述的是解放前夕从中国移居美国的四位女性的故事，元和在影片中客串了一个配角。元和本以为只是陪朋友去试镜的，没想到导演非常看好自己，起初元和不想参演，但是李林德（系李方桂和徐樱的大女儿）劝她说"也许到中国拍摄，可顺便回去探亲，旅游一趟"，这令元和很是动心，其他朋友们也都劝她参演，元和这才答应下来。

几天后，徐樱驾车到元和家接她至伯克利电影公司办事处，之后又同去试装。12月23日正式开拍，元和头一天住在徐樱家里，第二天早上六点就出发了。电影拍摄得很顺利，在元和印象中，"王导演人极和气，他怎么导，我们就怎么演，合作无间"。

拍电影的那段时间，虽然忙碌，但生活非常充实，剧组人员也很亲善，整个拍摄过程都非常愉快。电影公司工作人员对元和及徐樱非常照顾，每到中场休息，总要送椅子和电炉过来。虽然她们饰演的是配角，但享受的待遇却比主角还要优厚。

电影《喜福会》上映了，票房极佳。很多认识元和的人都去看过，他们对元和的表演赞不绝口。曲友张蕙元的儿子赵文祜曾带着十几名同学一起去看，在看到元和搀扶着新娘出场的镜头时，竟忘情地站起来拍手喝彩，直到邻座提醒才坐下来。

其实，值得喝彩的何止元和的表演，她的人生更是异彩纷呈。她不为现实所拘束，始终活得真实而洒脱。

曲艺生香，暮年的元和喜欢在昆曲的婉转旋律中徜徉，纵然步履蹒跚，依然不失当年的清丽优雅。

## 第三章

# 缔造幸福 二小姐张允和的勇敢与从容

# 大学岁月

二小姐允和性情活泼可爱,是个敢爱敢恨、有主见的姑娘。记得幼年时和姐妹们一起看戏,她便不喜欢那些缠缠绵绵的爱情戏,那样的情节会让她昏昏欲睡。她喜欢疾恶如仇的英雄,而在众多英雄形象中,她最喜欢的是关羽。五六岁的时候,别的孩子看到戏台上关羽红脸长髯的形象多会害怕,而允和却能感受到一种庄严肃穆。她最喜欢那场《麦城升天》,戏中关羽被斩首后,英魂显圣于玉泉山,允和始终记得舞台上浓浓的烟雾,如同关公不散的英魂。她说:"那气氛既神秘,又令人充满不祥的预感。"

允和在乐益女中读书时,痴迷于几何概念与数学推理,也是在这时候,她接触到了哲学、生物、政治以及各种体育运动。她非常喜欢教几何的周先生。周先生曾经有过两个孩子,但都不幸夭折,他非常喜欢孩子,待允和如同对待自己的女儿,每到周末,还会请允和去家里吃饭。允和饭量小,总是只吃半碗饭——即便是这半碗饭,她也不好好吃的,总是不停地说话。每至此时,周先生便把筷子放下,用江阴话说道:"个小娘唔(小姑娘),不好好吃饭,要饿死的!"周先生对允和的疼爱可见一斑。盛夏里,两人走在五卅路上,允和为了避开太阳光的炙烤,便走在周先生的影子里。周先生穿着长衫,影子长长的,正好能把这个调皮的小姑娘罩在其中。

允和喜欢周先生,但性子火暴的她冲动时也会莽撞。有一次考试,允和没有拿到100分,当试卷发下来时,无比懊恼的她直接当着周先生的面将试卷撕得粉碎,周先生则冷静地看着她。直到多年以后回忆起来,允和依然记忆犹新。

允和心中对继母韦均一颇为抗拒,在大姐元和读大夏大学二年级的时候,韦均一觉得学费太贵,不想让她继续读下去。从小崇拜关公的允和怎能让大姐受这种委屈?那时韦均一担任着乐益女中校长的职务,她直接来到乐益女中门口,在那里鼓动学生罢课。允和对学生们讲,校长连自己女儿的学业都不支持,那么乐益女中的学生们上课又有什么用呢?

允和的反抗让张家很是尴尬,但也很有效用,家族中的长辈决定用地租筹集学费让元和完成学业。经过这场风波后,张家的兄弟姐妹没有人再因为学费问题影响学业,都顺顺利利地完成了大学学业。

允和的学业并未因学费问题而受到限制,她从1929年到1932年先后在上海的中国公学、光华大学和杭州的之江大学学习,最后落脚光华,并获得了光华大学的毕业文凭。

1929年,允和在中国公学读大一,那时候中国公学刚开始招收女生,班级里大多是男生,女生仅有零星的几个。男孩子们对女生总是充满了好奇,有时候还会搞恶作剧捉弄女同学。

有一次,学校的李先生给同学们留了个作文题目《落花时节》,允和像往常一样写了交上去,但是待到发卷子时,她却发现大家的卷子都发了下来,唯独自己的不见了。她满心狐疑,以为一定是文章写得不好才被先生扣下了。下课后,她急急忙忙找到李先生追问作文的下落。李先生是扬州人,见学生来问,立即用扬州话拉着长音说道:"莫慌——,莫慌——,跟我来。"

允和一直跟到李先生的宿舍,只见他拿出一个很旧的皮箱,上面还挂着一把锁。李先生从箱中拿出作文后先是捧在手里,然后满目慈爱地对允和说道:"你的文章很好,很好,我怕在课堂上讲了男学生会抢去,就锁在箱子里了。"

允和满心欢喜地接过作文,见先生在上面批了一句话:"能作豪语,殊不多觏。"

原来,允和在那篇写落花时节的文章里没有像其他女孩子一样写伤春悲秋的感慨,而是写了许多积极昂扬的话语。她天性乐观,即便是落花,她也能看到"化作春泥更护花"的达观。

1930年,允和转到了光华大学读大二,这个活泼的姑娘被推举为女同学会会长。

那个年代,能在大学里读书的学生家庭都比较殷实,因为要交付大额的学费,是寻常人家所不能负担的。学校的"公子""小姐"们大多衣着光鲜,甚至有些人颇为倨傲。他们读大学的目的不在学习,而是给自己"镀金",以文凭来提高自己的身价。每到周末,许多学生行为更是放纵。允和回忆说:"他们每逢周末都开派对,男男女女成双成对在旅馆里过夜。上光华大学之前,他们多半念教会学校,像圣玛利亚女校和中西女塾。这些人过惯了养尊处优的生活,开口闭口讲英语。女生都穿高跟鞋,浓妆艳抹,每天都像是要去参加婚礼或赴宴似的,哪有心情读书呢?"

允和不喜欢这样的同学,她喜欢参加活动,但绝不是这种毫无意义的聚会。光华大学的女同学非常活跃,女同学会下设好几个部,在学校里颇具影响力与号召力,就连学校校长召开会议研究学校的事情,都必须有女同学会会长在场,否则是不能召开的。

大学是一个张扬青春的舞台。允和喜欢参加各种活动,即便是在男生面前,也决不服输。

光华大学每年都会举行国语演讲,在此前的几年里,一直是一个姓赵的男生拿第一。热衷于各种活动的允和,自然也不会错过这个展现自我的好机会,她精心准备了一篇演讲稿,题目为《现在》。详细的内容已经不可考,但允和后来在《现在》一文中这样回忆:"我忘了是用一种什么统计方法把大学四年凡是上课念书的时间都加起来,用二十四小时一除整整只有八个月,就慷慨激昂、语重心长地劝大家要珍惜大好时光,抓住'现在',好好念书。真是好笑,自己不用功,却一本正经地劝人家。"

那位多次蝉联冠军的姓赵的男同学演讲的题目是《铁》,因为有过多次演讲经历,他台风老成,而且国语说得很好。

等待比赛结果的时间是最难熬的,虽然只有短短的几分钟,却像几个世纪那样漫长。全体参赛者演讲完都坐在第一排等待评判结果,虽然大家脸上镇定自若,但其实心里都忐忑不安的。只听校长宣布:"第三名……第二名……"

允和没有听到自己的名字,她觉得已经没有希望了,心中很是失落。但终究还是有那么一点点的期待,因为下一个要宣布的是——第一名。

校长故意卖着关子,好半天不报名字,全场鸦雀无声,静观花落谁家。停顿了一会儿后,校长朗声道:"张允和!"

这三个字一经报出,全场立即沸腾起来。此前获得第一名的都是男生,女生夺冠,这是第一次。允和的堂姐张镇和当时也在场,见堂妹获奖,兴奋得从最后一排冲到第一排祝贺堂妹。那是允和最快乐的时刻,从此,"现在"这两个字对她产生了深刻的影响,"抓住现在"也成了她人生的座右铭。

后来允和听说,其实现场的评定结果是她和那位姓赵的男同学分数一样,是并列第一,评委老师只好请校长来做最后的裁定。校长认为赵同学年年都是第一,女生还没有获得第一过,既然分数一样,那就评张允和为第一。

除了丰富的文体活动,在光华大学的学习也令允和印象极深。教国文的钱基博先生是钱锺书先生的父亲,他在给学生出的题目,总是只有一句话或一篇短文,要求作注,如给《大学》的第一句话"大学之道,在明明德"。在完成写作业的过程中,学生们需要查阅大量的资料,而这个过程,令允和受益匪浅。

允和在光华大学读书期间,父亲张冀牖住在上海,姐妹弟兄大多住在苏州。每逢寒暑假,允和都会回到苏州。1932年的寒假,允和照例回到苏州,此时大弟宗和、二弟寅和、堂弟蕴和以及一位堂房小叔也到了考大学的年纪。四个男孩子都是十六七岁,他们也打算考光华大学,于是在1932年的1月24日,允和带着四个弟弟乘坐火车回到了上海。1月28日考试结束,就在当天晚上,日本发动了对上海的战争。

炮火声震碎了昔日的平静和繁华。在29日的早上,这个骇人听闻的消息已经传遍了城市的每一个角落。从上海开往苏州的火车已经不通了,焦心不已的张冀牖到处托人买轮船票。经过几番周折,总算买到了1月30日早上的两张轮船通铺票。张冀牖不放心，又特意安排了男工黄四送孩子们回家。

30日的早上，上海十六铺码头人山人海，当一行六人穿越人海找到自己的铺位安定下来时，已经快中午了。大家都没吃上饭，黄四又穿越人海回到岸上去买吃的。

黄四离开后迟迟没有回来，五个人饥肠辘辘，一直等到下午四点多也不见黄四的身影。船上的人一个挨着一个，他们不禁担心黄四回来能不能挤得进来，到最后已经不期盼黄四能带食物回来，只要他人回来就好了。

又过了许久，他们忽然听见有人叫嚷："你这人真野蛮，怎么踩我的肩膀，又踢我的头！"五个姐弟抬头一看，不禁大喜过望——黄四终于回来了，他竟像踩高跷一样从人群中踩过来，手里还高举着两个面包。

姐弟们一面大口地吃着面包，一面听黄四讲起上岸的经过。他说："二小姐，你们的爸爸现在还在码头上。早上我们前脚走他老人家后脚就到码头。我中午在岸上见到他，他说：'快让孩子们上岸，这样挤不行。'我说：'我去买了面包再说。'可是码头上到处买不到，我只好跑了许多地方，才买到这两个面包。等我回到十六铺，天都快黑了，码头上人少了些。我刚踏上跳板时，有人叫我，我一回头，是你们的爸爸。我的妈呀，这样晚他老人家还在码头上。他拉住我的胳膊：'快……快叫他们上岸！'我说：'上不了岸了！'你爸爸急忙掏出一沓钞票塞在我手里。"

黄四一面说，一面从兜里掏出那一沓钞票。允和正大口咀嚼着面包，听黄四说到父亲，不禁热泪盈眶。

父亲的教诲对允和有着深刻的影响。张冀牖没有像中国传统的父亲一样为孩子们选择，而是教会孩子们如何选择。择偶也好，事业也罢，张冀牖始终尊重孩子们的选择。允和自己选择的爱情，也得到了父亲的全力支持。

## "幸福是要自己去创造的!"

允和一直很反感女大学生把全部精力都投注到恋爱上,更反感女生随随便便与男人在一起甚至草率成婚。那种不负责任的婚姻脆弱得如同琉璃,或许开始很美好,但结局总是过于凄凉。

允和在乐益女中读书时有一位很要好的女同学——周俊人,那时16岁的允和还不曾想到,这一生的美好姻缘已经在悄然酝酿。周俊人有个哥哥,叫周有光,他比允和大五岁,那时正在上海读大学。后来允和也到上海去读大学,与周有光的交往也渐渐多了起来。

周有光回忆与允和的爱情时曾表示:"我们真正恋爱是在杭州,在苏州、上海是朋友而已。"当时周有光有个姐姐也在上海,允和家里托她给允和带件东西,周有光便写了封信给允和问她收到没有。允和收到信后很是紧张，还特意找了年龄稍大的同学胡素珍商量是否回信。胡素珍看后说道："嘿，这有什么稀奇，人家规规矩矩写信给你，你不写回信反而不好。"于是两人开始通信，当允和的第一封信寄出去，友情便慢慢升温。当他们再见面，允和脸颊上总是不自觉地泛起红霞。

多年以后，当允和回忆起与周有光定情的场景时，用浪漫而温情的笔调写道："吴淞江边的草地，早已没有露水。……周围是那么宁静，天空是那么蔚蓝。只有突突的心跳、淡淡的脸红在支配宇宙。"那一天，他们走在温柔的防浪石堤上，允和在前，周有光在后，两人都羞涩而紧张，谁也不敢牵谁的手。一直走到石堤只剩下三分之一，才找到一块比较平坦、可以坐下的石头。周有光拿出一块洁白的大手帕放在石头上，两人一起坐下。

谁都不敢直接吐露心迹，只能听着风从耳畔轻轻吹过，空气里回响着心跳的声音。沉默半晌，周有光从口袋里拿出一本英文的《罗密欧与朱丽叶》，在描写两个恋人相见情节的页码上，夹着一枚小小的书签。

冰雪聪明的允和自然会意，周有光羞涩地将书放进口袋，然后用右手轻轻抓住允和的左手。允和表面上不理他，但手心里涔涔的汗水却出卖了她的心思。

多年后的允和写道，当她的第一只手被他抓住的时候，她就把心交给了他。从此以后，将是欢欢乐乐在一起；风风雨雨更要在一起；不管人生道路是崎岖的还是平坦的，他和她总是在一起，就是人不在一起，心也是在一起的。她一生的命运，紧紧地握在他的手里。……这一刻，是人生的开始，是人类的开始，是世界的开始，是人生最有意义的一刻。

决定了在一起，便是一辈子，生死与共，风雨同舟。

周有光是个细心而谨慎的人，刚与允和交往时，他总是小心翼翼，言谈举止间充满了绅士风度，而这也正是允和所喜欢的。两人的性格正好互补，在一起时总是充满快乐。

两人之间的趣事着实不少。有一次，两人一起到杭州灵隐寺游玩。在那个年代，恋人走在一起是要保持距离的，不能靠得太近，更不能牵手。有一个和尚一直跟在他们后面听他们讲话，走得累了，两人便在一棵树旁坐下来，和尚也跟着坐了下来，并问周有光道："这个外国人来中国几年了？"原来，和尚以为允和是外国人，大概是因为允和鼻梁比较高。周有光便顺水推舟开玩笑说："她来中国三年了。"和尚听了道："怪不得她的中国话讲得那么好！"

还有一次，周有光请允和去上海法租界一个法式花园听贝多芬交响乐，门票很贵，一张票要两个银圆，不过那里的环境很是幽雅，座位也很特别——每人一个躺椅，躺着听。事实上，允和更喜欢中国古典音乐，对西洋音乐没有多大兴趣，在听的过程中，竟不知不觉睡着了。

相爱的人在一起，最重要的是彼此理解。就算允和不喜欢西洋音乐，但她也会陪他去听，因为周有光喜欢；周有光也会陪她去听中国古典音乐。两人彼此理解，也走进了彼此的心里。

允和个性鲜明，骨子里甚至有一些侠女的气质。她乐于助人，无论是血浓于水的亲人，还是毫不相干的陌路人，她都愿意伸出援手。有时候难免因为帮助别人而影响了自己，但即便如此，她依然乐此不疲，而周有光总能理解她，绝不抱怨。

戴婕（化名）是允和的好朋友，她思想激进，又聪明伶俐。她出身四川的书香世家，虽是名门小姐，骨子里却充满叛逆。15岁那年，她爱上一个男人，由于受到家庭阻挠，她毅然与恋人私奔，父亲为此怒不可遏，也断绝了与她的任何联系。他们一路逃向东南，遇到过恶人，甚至在投宿地的床下发现了一具尸体。本以为经历磨难，他们的幸福便要开始了，却不料，到达南京不久，她的恋人竟死去了。

命运和这个叛逆的姑娘开了个天大的玩笑。不过，她并没有就此萎靡不振，而是继续追求自己的幸福。她安葬了恋人后，几经辗转进入一家寄宿学校学习，并在那里结识了允和与兆和，并成了非常要好的朋友。至于戴婕的学费是哪里来的，则一直是个难解的谜。

戴婕经常去张家走动，她热情开朗，也拥有浪漫的情怀。高中毕业后，她进入广东中山大学学习生物学。有一次她前往海南做田野调查,与一位同班男生陷入恋情,怀了身孕,而当她的男友得知她怀孕后,竟不负责任地离开了她。

在那个年代,未婚怀孕是一件非常严重的事情,困顿之中,她只好找到允和帮忙。她最初不敢说自己怀孕的事,只是说自己生病了,肚子里长满了寄生虫。但是允和很快发现,她那越来越隆起的肚子其实是怀了孩子。

戴婕想堕胎,但是医疗水平有限,堕胎而死的情况时有发生。允和劝阻了她,并让她住到自己家里。那时候允和婚期已近,她打算结婚后把戴婕安置在他们夫妻卧室后面的一个房间里。

允和心地善良,然而这种善良差一点毁掉了她的婚姻。她能接纳戴婕,即便周有光理解她,不代表所有人都会理解她。邻居老太太知道她的计划后简直惊掉了下巴,她把这当成一桩大新闻逢人便说,甚至还和周有光的母亲说:"你那新来的媳妇是怎么回事啊?居然收留一个还没结婚就怀了孩子的女人。你媳妇是不是和那女人一样乱来呀?"

周母得知后非常生气,周有光是家里独子,儿媳妇还没过门,就闹出这场风波。而夹在中间的周有光更是百般无奈,赶走戴婕势必会惹怒允和,而且有违人性道德,但是留下戴婕又会让母亲烦恼不堪。

周有光的四个姐妹也不停地向允和施压,希望她能改变主意。然而允和性子刚烈,周家越是施压,她越是坚持己见。戴婕生下孩子后,她甚至做了一件更加疯狂的事——和戴婕一起带着婴儿乘火车前往杭州,以假名住进旅馆,第二天早上喂饱孩子后,她们在枕头下留了一张写给孩子奶奶的字条,然后换了一身衣服悄悄离开了旅馆,返回上海。

杭州市报纸上很快刊出了这样一则新闻:两名神秘女子住进某旅馆,在房间里遗弃一名婴儿后不知去向。孩子的奶奶拒绝承认婴儿是她家的,并将婴儿送进了孤儿院。

随着婴儿被送走,这场风波才渐渐平息下来。允和内心纯善,她无视世俗礼教,勇敢地救助好友于危难之中,纵然伤害到自己的名誉也并不介怀。或许,越是这样勇敢率真的她,越令周有光心悦诚服。

张家是名门望族,与之相比,周家则逊色了一些。结婚之前,周有光小心翼翼地告诉允和:我很穷,怕不能给你幸福。允和给他回了一封多达十页的信,告诉他:幸福是要自己去创造的。

允和是个勇敢的姑娘,她勇于追求幸福,是自己喜欢的,就决不放弃。她是兄弟姐妹中最早结婚的,彼时张家家境已经大不如从前,为了办学校,张冀牖投入了大量的人力、物力及财力。张冀牖是个疏于理财的人,对钱、物从不清点。允和没有置办婚纱,只订做了一件婚装,配了一条水钻的项链。无巧不巧,允和的一位在银行工作的表叔无意间发现张冀牖在汇丰银行中还存有两万元钱,其实,张冀牖几乎早把这两万元钱忘在脑后了，存单也早已不知去向。这笔意外的财产给大家带来惊喜，经过元和向继母韦均一争取，允和获得了两千元的嫁妆。

1933年，允和与周有光开始筹备婚礼。为了能让朋友们方便参加婚礼，他们特意把婚礼选在一个周末举行，并印了两百张喜帖。按照礼节，他们应该先给长辈送喜帖。大姑奶奶是张家女眷中最年长的，她收到喜帖后，马上拿着老皇历算起了婚期，最后得出结论：这个日子是尽头日子，不吉利的，应该改个日子。毕竟大姑奶奶是长辈，即便允和不相信这些，也要尊重大姑奶奶的意见，只好与周有光商议修改婚期。最后，他们选择了一个远离尽头日子的星期六，大姑奶奶也认可了这个日子。

不过，他们选择的日子虽然避开了阴历的尽头日子，在阳历上却是个十足的尽头日子——1933年4月30日。当然，允和是不相信这些的，时间是人定的，只要是嫁给爱情，便是最好的归宿。允和说："我相信旧的走到了尽头就会是新的开始。"

旧社会讲究八字合婚，家里的保姆又拿着允和与周有光的生辰八字去算命先生那里推算，算命先生认真算过后，一脸忧郁地告诉他们：这两个人都活不到35岁。不过，这个结果并没有影响两个人的决定。他们并不相信所谓算命，就像允和自己说的：幸福是要自己去创造的。他们相信自己，也相信对方，苦辣酸甜，这一生都一起承担。

他们按照原计划举行了婚礼。那一天，新郎周有光穿着燕尾服，打着黑色领结，新娘张允和穿着白色礼服，夫妻俩光彩照人，犹如一对璧人。婚礼上邀请了两百多名客人，大家纷纷说着祝福的话，才华横溢的小四妹充和唱了一段昆曲助兴，顾传玠吹笛伴奏。那是《佳期》中的一段，戏词中有这样一段："一个斜敧云鬟，也不管堕却宝钗。一个掀翻锦被，也不管冻却瘦骸。"

婚礼之后，周有光问允和：充和是否知道自己唱的是什么？原来，那缠缠绵绵的戏词里唱的是云雨之事。

婚礼的贺金收了八百元，加上那笔两千元的嫁妆，新婚夫妻也算有了一些家底。不过，他们没有用这笔钱置办任何家产，而是用作留学的费用。金秋十月，两人暂别家人，登上了开往日本的"长崎丸号"轮船，去日本攻读语言和文学。

"幸福是要自己去创造的！"这句话激励着周有光，也激励着允和自己。这一生的彼此陪伴，都由这句话而来。允和说："不管风风雨雨、波波浪浪，不管路远滩险、关山万重，也难不了两个人的意志。"在漫长的人生旅途中，他们相扶相携，纵遇风浪，也无所畏惧。后来周有光活到112岁，张允和活到93岁，若是那位说出他们"活不过35岁"预言的算命先生知道了，不知会作何感想？

# 家国难

两个月后,允和有了身孕,于是她决定先行回国。

回国后,允和与婆婆及四个大姑子住在一起。允和性情刚烈,加之婚前那场风波,婆婆和四个大姑子对允和一直心存芥蒂。好在周有光非常体贴,他对妻子疼爱有加。无巧不成书,孩子出生那天,恰是他们结婚一周年的日子。

他们给孩子取名"晓平"。初为人母的允和非常开心,她逢人便说:孩子晓平是结婚那天生的!过了好一阵子,允和才发现这句话有歧义。

第二年,允和又生下了女儿小禾。

1937年,战争的炮火击毁了往日的幸福平和。从那时起,允和一家和中国许多百姓一样开始了胆战心惊、颠沛流离的逃难日子。

战争打响后，允和把孩子和婆婆送到了合肥西郊的祖宅。刚安顿下来，她又收到周有光从上海发来的电报，让他们前往武汉，然后转道去四川，一家人在那里会合。

彼时周有光在银行上班，他决定和同事一起前往重庆。于是允和辞别父亲，离开了合肥。那时她尚不知，这次与父亲的离别，将是永别。

允和带着婆婆、孩子们从武汉乘船前往重庆。大船逆水而行，整整走了十天才抵达重庆。之后，他们换乘一艘小船又航行了好久才抵达合川。此时戴婕也在这里工作，允和曾在她最灰暗的时候向她伸出援手，而戴婕也始终感恩在心，对于允和前来，她不仅热情接待，还帮助允和照顾婆婆和孩子们。

有了戴婕的帮助，允和轻松许多，她决定前往成都的光华中学工作。在她看来，自己应该学以致用、好好工作，这样才不负曾经读过的书以及父亲、老师们的辛勤栽培。

成都距离重庆很远，今天看来乘坐高铁不过一个多小时，但在那个年代，却要乘坐两天一夜的卡车。平心而论，允和的安排是不太合理的。1938年的春天，周有光来到重庆，允和把儿子晓平和婆婆送到重庆郊区，自己和女儿陪丈夫留在城里。战争年月，郊区要比城里安全一些，住在城中的百姓对空袭已经司空见惯了。而周有光又经常出差，为了生活，允和常常要一个人面对所有难题。有时候没有食物和水，她必须满城寻找，即便四周一片漆黑，她也要硬着头皮出门。她嗅到过空气中被炸弹炸焦的味道，看到过路边"肝脑涂地"的惨象。死神时刻环绕周遭，没有人知道下一秒会从什么方向忽然射出一颗子弹，或者投下一枚炸弹。不过，乐天派的允和一直认为自己是幸运的，她说："炸七星岗的时候我在上清寺，炸上清寺的时候我在枣子岚垭。"

然而幸运女神并没有一直眷顾这个年轻的母亲。1941年5月的一天，周有光在外出差，允和带着女儿小禾住在重庆郊区。小禾忽然腹痛难忍，而且体温急剧上升，附近不要说医院、诊所，连一个医生也找不到。允和想尽办法，终于在三天后把小禾送到了重庆的医院。她已经尽了最大的努力，但还是太迟了——小禾患上了盲肠炎，在她焦头烂额的三天里，小禾的病情已经严重恶化，盲肠出现溃烂，已经扩散。

那个年代的医疗水平自然不及今时，小禾已经无法抢救回来，允和只能眼睁睁看着小禾一天天在挣扎中消瘦、萎靡，直至最后死去。对一个母亲来说，没有什么比让她亲眼看着自己的孩子死去更痛苦。那是允和一生中最痛苦、最黑暗的时期，即便后来战争结束、生活安稳下来，她也不愿意提到这段时光。

小禾在病床上挣扎了两个多月。这两个多月，允和在精神上承受的痛苦要比小禾在肉体上承受的还要多。她几乎精神崩溃，甚至一度看着因病痛而哀哭的女儿说道："你干吗不死呢？"

小禾的葬礼很简单，大约是泪水早已流尽，允和看着弟弟把盛殓着女儿尸体的棺材放进防空洞里，没有哭泣。当伤心达到某个极限，眼泪已经无法承载悲痛，只有无声的沉默在昭示着命运的凄凉。

生活渐渐平静下来。然而这种平静并没有持续多久，一年多后，允和一家搬到了成都。依旧是战火纷飞，身侧时有流弹飞过。1943年的一天傍晚，晓平竟忽然被一颗流弹击中了腰部，血流如注。

允和吓坏了，她慌慌张张地送晓平去附近的空军医院，幸好女房东也在旁边帮忙。晓平伤势很重，内脏被子弹穿破六个孔洞。医生刚接诊时并不敢保证能救活他。想到女儿去世时的场景，允和痛不欲生。她唯恐儿子也离她而去。在医院里，她几乎三天三夜不曾合眼，直到晓平脱离了危险。

那时周有光正在重庆出差，朋友杨云慧帮允和给他打了长途电话，让他马上回家。周有光知道家中出事后立即慌了神，恨不得肋生双翼赶紧飞回家。他想到了充和，希望她帮忙尽快办到一张回成都的车票。他来到充和家后也顾不得什么形象了，直接边喊边狂拍房门。当时充和正在楼上，听到姐夫的声音，就知道姐姐一定是出了什么事，吓得她膝盖都软了，跌跌撞撞地下了楼。充和认识水力发电公司的一位领导，他也同样爱好昆曲。充和通过他的帮忙，终于成功办到了次日早上去往成都的客车票。

那天刚好下雨，车子在泥泞中溅起无数泥点，犹如周有光沉重浑浊的心境。他不知道等待他的是什么，不知道儿子现在怎样了。他不敢想，越是不敢想，越是忍不住胡思乱想。晚上六点左右，周有光终于到家了。来不及进门，他就隔着门问房东家的男工："晓平怎样？"男工答道："在医院里。"

从男工说话的语气中，周有光听出了晓平是安全的，悬了一路的心，才稍稍安放下来。看到母亲正在做鞋，彼此安抚两句，便急匆匆地去了医院。在半路上遇到了刚从医院回来的允和。见允和神色轻松，便知道晓平已经脱离了危险，他终于放下心来。

周有光说，"这好比在八堡看钱塘江潮，平静的海岸忽然可以卷起百丈波涛，等到我赶回成都，又已是潮退浪平，只能看见江岸潮痕处处了。"

所幸，有惊无险。周有光不敢想象，如果当时隔着门听到男工回答的是另一种最怕听到的答案，人生将是怎样的色彩？这一家人，该怎样过活？

那时定和也在成都，他正在为婚姻而苦恼，打算和妻子离婚。虽然婚姻上谈不上幸福，但他在事业上却取得了一定的成功，就在晓平受伤的这段时间，他还举行了音乐新作发表会，并大获成功。由于晓平出了意外错过了这场演出，他便把整个演唱团都搬到了病房，专门为他举办了一场音乐会。

允和给晓平买了一对小白兔，让它们给儿子做伴儿。晓平死里逃生，身体一天天康复起来，生活也逐渐回到了正轨。为了表达谢意，允和还特意邀请了参加手术和护理的所有医护人员到家里来吃饭。

在这期间，张家的兄弟姐妹团结一处，帮允和夫妇渡过了难关。他们有的时常来陪伴，有的寄来大笔钱款，兆和与沈从文夫妇寄来一万元，但是允和知道，他们生活也不容易，这些钱是一定要还上的。而至于无法量化的感情支持，她只能永怀在心，终生铭记于心。

# 战火烽烟逢旧友

"一方有难八方支援"不是谁都能得到的眷顾,允和总是能在落难时得到亲朋的倾囊相助,也正是因为她播撒下了无数爱的种子。她乐于助人,朋友遇到棘手的难题,她总能帮助解决。

1943年,周有光的工作调到西安,一家人准备迁往西安。

然而临行前,允和却忽然病倒了,一直高烧不退,住在重庆的医院里,根本无法上路。为了不耽误工作,周有光只好带着孩子先走,把允和托付给朋友照料,等她身体好起来再上路。

这样昏昏沉沉过了十天,允和才有所好转。出院后,朋友章乃器、胡子婴夫妻俩接她到家里休养,但允和惦记着家人,身体刚好,就急急忙忙奔向了西安。一个人的旅途,总是有太多孤单、太多落寞。想到这几年的颠沛流离,她不禁心中凄然。当火车停在一个四面环山的小站时,她心有所感,写了两首小诗来抒怀:

一

岁岁客天涯,夜夜梦还家。
青草漫山碧,孤村月又斜。

二

梅黄橘绿时,归期未有期。
易别难成聚,花飞知不知?

1944年4月里一个寻常的日子,她乘坐黄包车回住处时,恰好被老同学阮咏莲看到了。她们是苏州乐益女中的同学。一别多年,阮咏莲乍一见到允和有些不太敢认,为了避免叫错人而尴尬,她跟着车走进了一个小巷,不一会儿见车子停在了一户人家的门口,车上的人走了进去。

允和当然不会知道有人一直在关注着她。到了晚上她准备就寝时,忽然有人送来一封信——是阮咏莲写来的,询问日间乘黄包车的是不是姓张。允和看了来信地址和姓名兴奋极了,恨不得马上就去找阮咏莲。但毕竟已经是深夜,所以只能回信与阮咏莲相约次日见面。

第二天一早,允和就迫不及待地带着晓平去往阮咏莲家。

仿佛是心有灵犀,路上,允和就见到了同样带着孩子赶来看她的阮咏莲。她们开心得紧紧相拥,这场难得的相逢犹似在梦中。两人相聚甚欢,她们谈起了中学时代的故事,谈起了这些年彼此的经历。她们一起下棋、一起唱戏,仿佛又回到了无忧无虑的少女时代。

允和将那次美好的相遇写成了一首诗:

**长安喜遇咏莲**

浮云二十载,邂逅长安道。

尾车怯相认,仿佛童年貌。

心切夜书来,梦醒疑君到。

急践昨宵约,中途喜相抱。

语多不择词,情重颇唠叨。

叹息废王基,乐园沦蔓草。

犹忆五子棋,日长茅亭小。

好强争落子,互逐梅椿笑。

粉墨共登场,一双情意俏。

佳会易纷争,我喜君却恼。

世乱苦别离,今逢幸健好。

何日干戈靖,归去觅年少。

(1944年4月10日)

字里行间，满溢"他乡遇故知"的喜悦，但尾句话锋一转，又流露出对战争的苦恼。"何日干戈靖，归去觅年少"是她的心愿，也是多少国人的愿望。值得庆幸的是，彼时抗日战争已经接近尾声。1945年日本投降，战火烽烟终于平息，张家兄弟姐妹也终于结束了颠沛流离的日子，一家人在上海团聚。这是张家十个姐弟最后一次齐齐整整的聚会，恰如允和所说："张家十姐弟才在上海大聚会，照了十家欢。这以后又各奔前程，从此天南地北、生离死别，再也聚不到一起了。"

允和喜好打抱不平，婚前是无所畏惧的少女，婚后则是无所畏惧的母亲。她也热心于亲朋的种种困难，为了他们甚至不惜涉险。

1946年，允和在苏州偶遇中学时代结交的朋友徐素英。徐素英在十多年前嫁给了一个学法律的男人，并诞下一女。男人当时在上海某集团担任法律顾问，经济条件颇为优渥。但就在不久前，他竟然将徐素英和女儿赶出家门，母女俩生活潦倒，遇见允和时，几乎走投无路。

徐素英的遭遇激起了允和心中的侠女情结，她立即去找了那个男人，要求他为她们提供基本的生活费用，男人没有理睬她。允和又找到了男人的雇主詹先生，并约定了见面的时间。

允和与徐素英好好商议了一番，把可能出现的情况都预演了一遍，并提前做好了应对的策略。

她们按照约定的时间来到了詹先生家。詹先生和徐素英的丈夫都在，两个男人含糊其词，一副置身事外的态度。事已至此，允和和素英只能按照计划"演戏"了。当时，他们在二楼的一间屋子里，徐素英向窗户的方向看了一眼，然后"决绝"地飞奔到窗边做出要跳楼的架势。屋内的人都吓了一跳，那两个男人无论如何也不想闹出人命来，赶紧冲过去拼命阻拦。这一切发生得太突然，两个男人来不及仔细思考。他们着实吓了一跳，如果徐素英真的跳楼死掉，势必闹得满城风雨，他们赶紧答应了允和与徐素英提出的条件。

两个男人大概从没见过允和这样的奇女子，他们大概觉得允和背后一定有一座强大的靠山，甚至要求在与徐素英签订协议时允和必须到场。允和心中得意，在他们签订协议时，她还故意摆出一副趾高气扬的样子，越发让那两个男人觉得她是有靠山的。

事实上，允和这么做是非常冒险的，不过，她愿意为了朋友冒险。她们提前约定：徐素英假装自杀，但绝不能假戏真做。徐素英很害怕，但允和一再向她保证：如果谈判破裂，她只要专心扮好自己的角色，其他的事情都交给允和。

困苦中能有这样一位侠肝义胆的朋友，何其幸事。

漫漫人生路上，与亲朋相扶相携才能走得更远。允和用自己的热情、善良感染着身边的人，她总能急人之所急，因此在自己有难时，总能得到八方支援。

1946年底，周有光所在的新华银行派他到美国去工作，允和也和他同去。临行前,允和把晓平送到苏州弟弟家里,一切安顿好后,夫妻二人乘坐美国军舰改成的客轮"梅格将军号"离开了上海。

允和晕船,当年去日本时,便吐得痛苦不堪,这一次又免不了一番折磨。轮船在浩瀚的太平洋上行驶了十四天,允和只能靠水和苏打饼干维持着生命。同行乘客非常活跃,还自发地组织了几次演出活动。语言学家李方桂的妻子徐樱也与他们同船,徐樱知道允和昆曲唱得好,便邀请允和去唱昆曲。

允和一连多日没能好好进食,身体很是虚弱,但提起唱昆曲,却来了精神。徐樱为她吹笛子伴奏,笛子上坠着的红色流苏非常漂亮。允和唱了一曲《惊梦》:"原来姹紫嫣红开遍……"

1月13日是周有光的生日,那一天轮船刚好跨越本初子午线,时间慢了一天,于是他过了两个生日,这也是一件趣事。轮船抵达旧金山后,他们换乘蓝钢车(一种带浴室的豪华火车)前往纽约。周有光的办公室在百老汇的一栋大楼里,允和初来时对一切都感到新鲜,经常出去逛街。在当时,身在海外的中国人常常遭到他人冷眼,所以他们中有的把自己打扮成外国人的样子,而允和却并不以为意。每每上街,她总要穿上最爱的旗袍,有人问到她的国籍时,她总要骄傲地大声说:"I am Chinese!"

1947年的新年颇值得纪念。那时老舍、杨刚也在美国,大家一起到允和家里吃年夜饭，允和准备了什锦火锅。大家谈笑风生，非常开心，老舍性格幽默，讲了很多笑话，又让允和唱了昆曲，还是那首《惊梦》。

1948年，周有光在美国的工作结束了。终于有了难得的空闲，两人都想到处走一走，于是做了个"绕地球一周"的决定。后来允和回忆说："当时就意识到，这是我们一生仅有的一次，两人携手单纯以寻访古迹为目的的旅行。况且我们的目的地是'新中国'，等待我们的是全新的生活。"

于是带着对远方与未来的无限憧憬，他们登上了"伊丽莎白皇后号"。那是一艘豪华的七层客轮，他们渡过大西洋，去了剑桥大学、卢浮宫、庞贝古城、金字塔等地，所到之地，总要去看看当地的图书馆、博物馆、美术馆以及动物园。

后来，他们先抵达了香港，在上海解放后的第八天乘"盛京轮号"返沪。故乡依旧，他们已经见过大千世界的繁华，但依然选择故土，选择回家乡。这方热土上生长着无限的希冀，经历炮火烽烟的洗礼，国与人，都变得更加坚强了。

# 平地起波澜

生活总是波澜四起，当国家的烽烟散尽，允和生活中的战火却正悄然燃起。

中华人民共和国成立后，允和在上海一所高中担任历史教师。在教学过程中，她渐渐觉得自己所掌握的知识很有限，因此一边教学，一边进行大量阅读以拓展学识。她还加入了一个教学研讨会，与老师们一起商讨如何修订历史教材。

允和向来很有想法，研讨会中的其他成员也都鼓励允和把想法写出来。在大家的鼓励下，允和写了两万多字的论文。后来她把这篇长论文寄给了一家教育杂志社，但如同石沉大海，没有回音。不过，这篇论文并没有就此沉落，很有可能是被送到了北京，后来她文章中的一些观点出现在了《人民日报》的长篇社论里，如在历史教学中纳入文学与哲学的发展状况，又如历史教学应该更活泼、更贴切,并增加介绍少数民族历史的内容等。

人民教育出版社资深编辑读到了这篇社论,对允和的独到观点非常欣赏。他们那时正在修订历史教科书,看到允和这些独到的观点,于是特聘允和担任编辑,协助他们一起编写中学历史教科书。

允和对此非常兴奋,她觉得自己开始了一段全新的职业生涯。

然而好景不长,她竟被贴上了"反革命""老虎"的标签,因为抗战时期她曾经收过合肥老家的地租,所以,她不能继续担任人民教育出版社的编辑工作了。允和对此失望又愤怒,她不想继续留在北京,于是回到苏州。她的五弟在战后搬回了九如巷的老宅,允和就住在五弟家。他们重访儿时旧游之地,允和也开始重新联络以前昆曲研习社的朋友。

离开北京时,允和已经瘦得只有八十斤了。三番五次的调查,甚至写了两万多字的"交代"(并没有通过),一连数日,允和心力交瘁,家里人心惶惶。她的牙床不停地出血,去医院检查后,医生说是患上了牙槽骨萎缩,如果不及时治疗后果不堪设想。允和这才有了离开北京的理由。

当火车渐渐驶离月台,看着窗外的景物逐一退后,允和心里渐渐平静下来。回到家乡,看着熟悉的巷弄,回忆起儿时的画面,昔日与姐妹一起学习昆曲的场景如在昨日,允和不禁感慨万千。而对昆曲的热爱也再度燃起，允和联络了以前昆曲研习社的朋友，在那些优雅的旋律中渐渐平复了心中的伤痛。

在治疗的过程中，允和的牙齿拔得只剩下三颗了。在她离开的第三个月，出版社来信催她回去，但那时她的牙齿还没有治完，因此她有理由继续请了假，而且按照当时的规定，她可以请六个月的假。但是到第五个月，出版社再次来信时，却告诉她不必回去了。允和失去了工作，她自嘲说："我这个八十斤重的老虎，只好养在家里了。"

不过，允和向来是乐天派，回到上海后，她渐渐从昔日的阴影中解脱出来。每到星期六，她便向张传芳（姐夫顾传玠在昆曲传习所的老同学）学习昆曲。他们也一起研究昆曲，1953年，他们一起整理了六出戏的身段谱。允和觉得，昆曲于她而言，已经从爱好逐渐转变成了事业。她不禁感慨，原来失去工作未尝不是一种幸事。塞翁失马，焉知非福。

那些艰难的日子里，允和总能在昆曲中找到乐趣。她发扬了昆曲，也在昆曲的悠扬旋律中收获了生活的希望，从1956年到1964年，她一直担任北京昆曲研习社联络组的组长。

允和的生活如同漫漫江水，平静时日后常常掀起意想不到的波澜。好在兄弟姐妹们热心相助，帮她一次次渡过难关。1964年，允和一家的月收入只有二百四十一元，而年迈多病的婆婆每个月的医药费就要七八百元，那微薄的收入完全不够家庭开支。没有办法，允和只能向亲友借钱。从兆和那里借的一千五百元,是借款里数额最大的。1965年,96岁的婆婆去世了。少了医药费的支出,家里经济情况稍稍好转了一些。

然而生活又起波澜,周有光的薪水被降低到每个月三十八元。家里经济捉襟见肘,无奈之下,允和只好再次告贷。在那些困厄的岁月,若非亲朋相助,她不知道生活该是什么样子。后来允和说:"我一辈子怕张口问人借钱,这下子完了,只好厚着脸皮乞讨,这也是人生应有的履历。"

## 几多风雨,几多豁达

越是在艰难的时候,越能看清真正的人心。那些经过大浪淘沙依然留在身边的,都是最真诚、最温暖的人。允和曾好几次陷入困境,但都凭着三寸不烂之舌逃过一劫。学习昆曲的经历很好地历练了她的语言表达能力,面对他人的责难,她就像站在舞台上一样从容镇定,一面波澜不惊地应付着,一面在心中思忖着如何化解。

1969年,丈夫周有光被下放到宁夏,被安排在一个小村子接受劳动改造。那个荒凉的村子宛如与世隔绝,最近的城镇也在三十多公里之外。允和本来可以陪他同去的,但是她身体不大好,"没法子跟他一起去受罪"。因此她留在北京,照顾他们的孙女。

周有光时年63岁,已是年逾花甲。面对命运的捉弄,他没有抱怨，只是淡然接受。他在那里待了两年零四个月，饱尝人间苦楚。那些年，周有光得了青光眼。如果没有眼药水，他可能会失明，但是当时的医务室里没有这种药水，只能让允和从北京寄过来。

不过，这貌似简单的事情，在那个特殊的年代却是困难重重。那个时期，无论是申请什么物件，都需要出示工作单位的正式批文，即便是小小的眼药水也不例外。那时周有光的大部分同事都被下放到宁夏接受再教育，仅剩两个人留守在北京的办公室。经历了重重困难，允和终于拿到了批文。从此，允和每个月都用小木盒给丈夫寄两瓶眼药水，有时候还加上几块巧克力糖。

允和是个秀外慧中的女子，面对生活的责难，她总能以她的智慧找到解决问题的办法。

允和夫妻俩都是乐观豁达的人，即便在那段特殊的岁月，他们依然像阳光一样温暖着彼此，也照亮身边的人。允和说："我家五口人：儿子晓平、媳妇何诗秀下放湖北潜江插秧、种菜。我家爷爷（周有光）下放宁夏贺兰山阙的平罗，捡种子、编筛子、捡煤渣，还有开不完的检讨、认罪会。大会多在广场上开。"苦难之中，周有光却总能找到生活的快乐。有一次在广场上开会，成群结队的大雁忽然从他们头顶飞过去，大雁集体排下粪便来，落得大家满头满身都是黏糊糊、臭烘烘的雁屎。而周有光戴了一顶大帽子，完美地避过了这场"劫难"。

后来周有光提起此事，总觉得很有趣。

在那些大大小小的风波中，允和想了很多方法来排解焦虑，最有效的便是读写《心经》。在那些宁静的禅语中，所有的烦恼都会渐渐消散。还有一个好办法，便是哼唱最爱的昆曲。乐观的心态如同阳光般照亮了生命的寂夜，允和就像一朵坚强的花，任凭这世界风霜雨雪，她总能开得绚烂多姿。

## 第四章

# 笔下烟霞

## 三小姐张兆和的缱绻爱情与诗意人生

# 沈老师写给女学生的情书

三小姐兆和与沈从文的爱情至今为人津津乐道。能成就这段姻缘，主要在于沈从文的不懈追求。两个从兴趣爱好到家境背景几乎完全不同的人，最后竟能相携白首，很多人都为之惊讶。然而当爱情来临时，人间一切的藩篱都是可以冲破的。

张兆和在中国公学读大二的时候，沈从文正好是她的任课教师。沈从文出生于1902年12月28日，大兆和8岁。他生长于湘西美丽的凤凰小城，自小融于那灵动秀美的山水，一双眸子被映衬得清明如水。或许也正是这个缘故，他的字里行间，总是蕴藏着大自然灵山秀水的气息。

1915年，沈从文从私塾进入了凤凰县立第二初级小学读书，半年后又转入文昌阁小学。15岁那年，沈从文进入了当地的一所军事学校。当时很多年轻人都试图通过从军谋出路，但沈从文似乎注定与此无缘。在军事学校里,他生了一场大病,多亏几个好朋友无微不至的照顾,他才得以生还。鬼门关前走了一遭,他越发感到友情的珍贵。病好后,沈从文和几个朋友一起去河边玩,然而水流湍急,有一位曾经照顾沈从文的好友竟被河水冲走,沈从文眼睁睁看着他消失在水流中却无能为力。朋友的葬礼上,他哭得伤心欲绝。他已经亲身经历过濒死的恐惧,又目睹了一条鲜活生命在眼前消失的过程。对于人世,对于命运,他忽然开悟了许多。世界无边,他没走过的路太多,没见过的人也太多,如果生命就这样糜费下去,那又有什么意义呢?

几番辗转,这个怀揣梦想的年轻人来到了北京城。经过几年的打拼,他终于成为中国文坛的知名作家。虽然他只有小学学历,但是他的学识却绝不逊色于那些读过大学的人。曾留学英美的徐志摩对沈从文非常赏识,不仅多次向别人推荐沈从文的文章,还推荐他前往上海中国公学担任讲师。

当时上海中国公学校长是胡适先生,他相信徐志摩的眼光,因此不顾众人反对,毅然聘任仅有小学学历的沈从文担任中国文学讲师——遇到沈从文这样的天才,破一次例有何不可?

沈从文在中国公学第一天上课便出了糗。刚走进教室时,他竟紧张得说不出话来,张了几次嘴巴都没能发出声音来。无奈,他只好转身在黑板上写了一行字:"我第一次上课,见你们人多，怕了，等我十分钟。"同学们不禁哄堂大笑。沈从文很努力地调整着自己，想让自己放松下来，但似乎没有什么作用。十分钟很快过去了，他依然紧张得说不出话来，只好在黑板上又写了一行字："再等我五分钟。"

同学们无奈，但也只能又等了五分钟。之后便是在这样紧张的情绪中，沈从文开始了讲课。由于太过紧张，他竟然只用了十分钟就把一整节课的内容都讲完了，而且话语中夹杂着同学们听不懂的方言。学生们满头雾水，沈老师心跳如鼓，大家只能干瞪着眼熬到了下课。

不过，沈从文向来是追求上进的人，讲过几节课后，他很快克服了紧张的情绪。他渐渐注意到班上那个肤色略黑的女学生，被她迷人的气质、优雅的举止和过人的才情深深吸引。对她的关注越多，越发现自己已经无可救药地爱上了她。而那个女学生，便是三小姐兆和。

作为老师，竟爱上了自己的女学生，在那个年代，是惊世骇俗的事情。更何况，两人在家庭、性格、身份、文化背景等方面都相差悬殊，两人之间，似乎横亘着一条不可逾越的鸿沟。大多数人在这种情况下都会选择退缩，将这份美好的感情藏在心里，或许直到白发苍苍时才有勇气拿出来与子孙咀嚼一番。但沈从文作为将门之后，骨子里总是有一股过人的勇气与毅力。他决定要放手一搏，为了心爱的姑娘，他可以挣脱一切束缚。

沈从文开始追求兆和。他写给兆和的第一封信便率真明了："我不知道为什么忽然爱上了你。"

第一封信只有这一句话，却承载了沈从文莫大的勇气。不过，这只是刚刚开始，接下来，沈老师的一封封情书如雪片般向兆和飞来。在当时，追求兆和的男生不在少数，沈从文只是其中之一。兆和毫不犹豫地拒绝了这位奇怪的老师，对他频繁的示爱毫不理睬。

面对心爱姑娘的拒绝，沈从文非常伤心。他甚至告诉兆和的好朋友："因为爱她，我这半年来把生活全毁了，一件事不能做。我只打算走到远处去，一面是她可以安静读书，一面是我免得苦恼。我还想当真去打一仗死了，省得把纠葛永远不清。不过这近于小孩子的想象，现在是不会再去做的。"

爱而不得的痛苦令沈从文备受煎熬。他甚至去向校长胡适请假，希望能暂时逃避一下。胡适是个开明的人，他劝沈从文慎重考虑，并表示如果张兆和的家庭反对，他可以出面为他说说话。

沈从文曾问过兆和的朋友王小姐，兆和有没有可能会爱上他。王小姐告诉他，兆和理智胜于情感，不会为朋友的劝说所动。

王小姐随后将与沈从文的谈话告诉了兆和。于是在兆和1930年7月4日晚上的日记里有了这样的内容：

> 我也不是个漠然无情的木石，这十年中，母亲的死，中学里良师的走，都曾使我落下大滴的眼泪过；强烈的欺凌，贫富阶级的不平，也曾使我胸中燃烧着愤怒的斗争之火，透出同情反抗的叹息过；在月夜，星晨，风朝，雨夕中，我也会随着境地的不同，心中感到悲凉，凄怆，烦恼……各种不同的情绪。但那也不过是感到罢了，却不曾因此作出一首动人的诗来，或暗示我做出一桩惊人的事来。可是我是一个庸庸的女孩，我不懂得什么叫爱——那诗人小说家在书中低回俳恻赞美着的爱！以我的一双肉眼，我在我环境中翻看着，偶然在父母、姊妹、朋友间，我感到了刹那间类似所谓爱的存在，但那只是刹那的，有如电光之一闪，爱的一现之后，又是雨暴风狂雷鸣霹布的愁惨可怖的世界了。我一直怀疑着这"爱"字的存在，可是经了她们严厉的驳难后，我又糊涂了。

字里行间，我们能感受到兆和也并非冷冰冰毫无感情的。面对沈老师的追求，她在拒绝的同时，内心里其实是茫然无措的。写日记是排遣烦恼的一种方式，兆和写下这些文字后，心中依然是迷茫的。思虑了几天后，她觉得自己应该表明立场——坚决拒绝沈从文。她听说沈从文之前找过校长胡适，因此，决定也去向校长胡适表明态度。

来到胡适家门外，隔着花园，她已经听见了客厅里喧闹的谈笑声。客厅里的人多半是她不认识的，胡适也不好单独与她谈，因此胡适请她过两个小时再来。

在之后的会面中，兆和把有关沈从文的事情说了一遍。胡适也把从沈从文那了解到的和张兆和讲了一番，一边讲着还一边对这个年轻人夸赞了一番，称他是"中国小说家中最有希望的"。

兆和并不理会胡适的称赞，直接表明态度——她不爱他，一点也不爱。

胡适这才停止了赞美，沉默了片刻后，他问兆和："你能否做从文的一个朋友？"

兆和答道："这本来没什么关系，可是沈先生非其他人可比，做朋友仍然会一直误解下去的，误解不打紧，纠纷却不会完结了。"

胡适听闻叹了口气道："社会上有了这样的天才，人人应该帮助他，使他有发展的机会！"

兆和依然冷静而理智："这样人太多了，如果一一去应付，简直没有读书的机会了。"

胡适闻言再度陷入沉默。

兆和临走时，胡适说道："你们把这些事找到我，我很高兴，我总以为这是神圣的事，请放心，我决不乱说的！"兆和颇为诧异，她在当天的日记里这样写道："神圣？放心？乱说？我没有觉得自己和有名的学者谈了一席话，就出来了！"

在当时，胡适被很多年轻人看作偶像乃至人生导师，但与胡适的这番谈话，却让兆和失望不已。

胡适此前是非常支持沈从文对兆和的感情的，但是经过这一番谈话，他有了些改观。他给沈从文写信说："张女士前天来过了。她说的话和你所知道的大致相同。我对她说的话，也没有什么勉强她的意思。我的观察是，这个女子不能了解你，更不能了解你的爱，你错用情了。"

当时很多人觉得沈从文配不上张兆和，但胡适的想法却恰恰相反。他觉得沈从文是文学天才，而张兆和这个年轻姑娘"生活经验太少，故把一切对她表示过爱情的人都看作'他们'一类，故能拒人自喜。"当然这样说，除了表达个人见解之外，也许还有安慰沈从文的意思。

其实很多误解都是因为不够了解。大家对张兆和的了解并没有那么深入，包括胡适。张兆和与两个姐姐不同，当年家里极其盼望能降生一个男孩儿，她的到来，给家里带来的不是喜悦，而是失望。她不像两个姐姐那样受重视，也不像四妹充和那样被格外疼惜，她得到的宠爱少，管束也少，日久天长，便形成了那种既要强又骄傲的性情。她并非以拒绝男生的追求为乐趣，她只是觉得那些所谓"爱情"总是充满了目的性，令她无法接受。

沈从文知道这件事后立即给兆和写了封信。他在信中深情款款地说道:"此后再也不会做那使你'负疚'的事了。若果人皆能在顽固中过日子,我爱你你偏不爱我,也正是极好的一种事情。得到这知会时我并不十分难过,因为一切皆是当然的。"他承认自己的"顽固",但同时也尊重兆和的"顽固",末了,他又这样写道:"我愿意你的幸福跟在你偏见背后,你的顽固即是你的幸福。"话语中满是无奈、感伤,但又暗暗地藏着些微讽意。他是个文字奇才,对文字的驾驭能力可谓驾轻就熟。

　　沈从文写给张兆和的情书至今为人津津乐道,那一封封满载深情的信笺诉说着沈从文心中炽热的爱恋。爱情里总要有一个人拼命坚守,无论遇到怎样的阻碍都不放弃。唯得如此,那些貌似不可能的爱情才能守得云开见月明。

# 癞蛤蟆十三号

兆和与二姐允和无话不谈，沈从文写给她的情书、自己写的日记都会拿来与允和分享。她把那些追求她的男生编上了序号，称其为frog No.1（青蛙1号）、frog No.2（青蛙2号）、frog No.3（青蛙3号）……允和看后开玩笑说："沈从文该排到癞蛤蟆13号了吧？"

最初，允和对沈从文的印象很是一般，觉得这位奇怪的沈老师土里土气的，私下里经常叫他"乡下人"。直到后来这位"乡下人"真的成了她的妹夫，她还时常用这个称呼调侃他。

当然，那是后话。此时的沈从文正为情所困，虽然他知道自己的"顽固"，但对这段感情，他也并非极其自信。他不知道未来会怎样，不知道兆和能否接受自己的感情。他经常和朋友倾诉自己的苦恼，朋友们大多不看好这段感情，认为他们之间的距离太远了。

张兆和对沈从文一直是冷冰冰的,但是在沈从文看来,那种颇为伤人的语调里却又带着无限的迷人气息。他不停地给她写信,即便她从来都不回。在1931年6月的一封信中,他这样写道:"'爱'解作一种病的名称,是一个法国心理学者的发明,那病的现象,大致就是上述所及的。你是还没有害过这种病的人,所以你不知道它如何厉害。有些人永远不害这种病,正如有些人永远不害麻疹伤寒,所以还不大相信伤寒病使人发狂的事情。"

身陷情网的沈从文觉得,爱兆和是自己一个人的事,即便她不爱他,他也要坚持下去。他略带祝福又略带苦涩地写道:"我愿意你是一个小孩子,真不必明白这些事。"然而他真的不愿意让她明白"这些事"吗?如果真是如此,只怕爱情就真的成了梦幻泡影了。沈从文总是一再告诫自己不要再纠缠她,但面对来势汹汹的感情,他又总是忍不住提起笔来。他在同一天的另一封信中这样写道:"如果我爱你是你的不幸,你这不幸是同我生命一样长久的。"

对于作家来说,丰沛的情感总能带来源源不断的灵感。在爱情(即便只是单相思的爱情)的滋养下,沈从文的作品越发文采飞扬。那一封封动人的情书,渐渐成为了兆和生活的一部分,虽然她从来不回,但是每一封她都会好好欣赏。后来兆和嫁给沈从文,甚至说是因为"沈从文信写得好"。

兆和是个秀外慧中的姑娘，追求者不在少数。不过，兆和从没觉得自己漂亮，甚至家里人也没觉得她有多秀丽。她肤色略黑，头发剪得很短，甚至带着几分男孩子的粗犷。当那些爱慕她的男子称她为"黑牡丹""黑凤"时，兆和甚至家里人都颇感意外。

兆和向来理性而克制，对于众多追求者，她非常冷静。她拒绝他们，其实并不是觉得自己有多么优秀或者是对方资格不够。小时候的她有些顽劣，也没有像大姐元和那样被按照大家闺秀的要求严格培养。少女所喜爱的东西，大多数都不符合兆和的眼光。她喜欢简约的色调与服饰，在那个旗袍风行的年代，她也不喜欢旗袍，因为旗袍下摆太窄，走起路来迈不开步子，于是她干脆常穿男装。有一次要去参加婚礼，家人再三叮嘱她做一件新衣服穿去，但是兆和还是穿了件蓝布袍子出了门。家人知道后气得骂了她一通，但兆和一如故我。

或许学习昆曲使得她的仪态优雅了许多，但是与两个姐姐相比，她又远没有学得那么好。因为一次事故，她只学了一年就半途而废了。兆和的姨奶（祖父的姨太太）不小心踩到了剪刀，锋利的剪刀刺穿了她的金莲小脚，伤势非常严重，只好去上海就医。姨奶让兆和陪同，兆和只好遵命。

到了医院，医生先切除了姨奶的脚趾，但伤势并没有好转，反而更加恶化。医生只好截掉了她的整只脚，但这依然没能挽救姨奶的性命，最终她死于坏疽。

兆和不在家，但昆曲的教学依然在继续。元和与允和先后学习了《游园》《惊梦》，兆和与两个姐姐在昆曲上的距离骤然拉开。

在家里，兆和从来不是焦点。但令她意外的是，在学校里她竟成了众多男学生甚至老师的爱慕对象。沈从文的信一封接一封地被送到她的面前，她渐渐习惯了那些文字里细碎的温暖，有时候间隔几天收不到信，她甚至会觉得空落落的。

沈从文给兆和写了整整三年的信。这三年的时间里，他先是在上海给她写，离开上海后回到北京继续给她写，离开北京后又去了青岛，于是又从青岛给她写信。所谓"精诚所至，金石为开"，沈从文的痴情令兆和感动，那些温暖的文字也逐渐融化了她心中的坚冰。她对他渐渐打开了心扉，不再拒他于千里之外。爱情，正像一朵含苞待放的花，虽然还未吐蕊，但其幽香已然沁人心脾。

# 乡下人，喝杯甜酒吧

张冀牖对女儿们的婚事很开明，四姐妹的婚姻皆是自由恋爱。在门第观念很强的那个年代，儿女婚姻要讲究"门当户对"，若是寻常人，听说有一位从湖南来的穷教师正在追求自己的宝贝女儿，只怕阻止还来不及，又何谈支持呢！但对于沈从文和三女儿兆和，张冀牖很支持。

1932年夏天的一个清晨，沈从文来到了苏州九如巷张家大门外。他怯生生地敲了敲大门。来开门的是看门人吉老头，沈从文说明来意，告诉他要找三小姐张兆和。吉老头看着眼前这个远道而来的陌生客人道："三小姐不在家，请您进来等她吧！"

沈从文一听，不仅没有迈步进门，反而还后退了几步靠到了大门对面的墙边。吉老头见状只好抱歉地说道："您莫走，我去找二小姐。"

允和知道后赶紧下楼来,"沈先生,三妹到公园图书馆看书去了,一会儿回来。请进来,屋里坐!"

沈从文一听"屋里坐",顿时羞得满脸通红,吞吞吐吐地说道:"我走吧!"他这句话似乎是对二小姐允和说的,也是对自己说的。允和有些过意不去,继续说道:"太阳下面怪热的,请到这边阴凉地方来。"

沈从文依然没有动。允和无可奈何,只好请他留下自己的住处地址,打算等兆和回来,让兆和过去找他。沈从文有些尴尬,但还是结结巴巴地说出了住址——一个旅馆的名字以及所在地址,说罢便离开了。

直到中午,兆和才姗姗归来。急性子的允和赶紧把沈从文来过的事情告诉她,语气中颇有责备:"明明知道沈从文今天来,你上图书馆躲他,假装用功!"

"谁知道他这个时候来?我不是天天去图书馆吗?"兆和不服气地回道。

"别说了,吃完饭,马上去。他毕竟是老师。"之后将沈从文留下的地址和旅馆名字告诉了她。

兆和一听地址是个旅馆,便说什么都不肯去了,一个姑娘家,去旅馆找一个男子成何体统?允和早就料到妹妹会拒绝,立即劝说道:"老师远道来看学生,学生不去回访,这不对。"

不过,兆和说什么也不肯去,最后允和想了一个折中的办法——再把沈从文从旅馆请到家里来。

沈从文从九如巷回到旅馆,没见到心上人,心里闷闷的,便一头躺倒在床上,午饭也没有心情吃。正发闷的时候,忽然听得有人敲门。他在苏州没有亲戚朋友,自然不会有别人来看望他,有敲门声,一定是兆和来了!沈从文心中狂喜,勉强压抑着狂跳的心,从床上一跃而起直奔房门。打开门后,果然门口站着的便是她朝思暮想的兆和。只见她双手背在身后;见沈从文出来,面颊燃起了红云。沈从文请她到屋里坐,兆和却后退了几步,涨红着脸说道:"家有好多个小弟弟,很好玩,请到我家去。"便是这样,沈从文跟着兆和第一次迈进了张家大门。

第一次正式拜访,礼物自然是少不了的。来张家之前,沈从文做了充分的功课。他托好友巴金买了一大包英译精装俄国小说,如托尔斯泰、陀思妥耶夫斯基、屠格涅夫等人的著作。还有一对漂亮贵重的书夹,上面有两只有趣的长嘴鸟。为了买这些礼物,沈从文卖掉了一本书的版权。

不过,兆和觉得这些礼物太过贵重,只收下了《父与子》与《猎人日记》,其他的书都给退回去了。张家人都对这个年轻人印象不错,沈从文是个很会讲故事的人,兆和的弟弟们也很喜欢他。五弟张寰和还用他的零花钱请沈从文喝了汽水,沈从文非常感动,当即许诺"我写些故事给你读"。沈从文果不食言，即便对小孩子，也信守承诺。他后来写了《月下小景》，每篇文章后面都附有"给张小五"的字样。

沈从文在张家颇受欢迎，兆和对他的印象也大为改观。两个人的感情逐渐升温。

沈从文离开张家后回到了青岛，继续在山东青岛大学工作。他不知道兆和的父亲对自己的印象如何，也不知道张冀牖是否同意这门婚事，因此一回来，就赶紧写信给二小姐允和："如爸爸同意，就早点让我知道，让我这个乡下人喝杯甜酒吧。"

张冀牖对女儿们的婚事非常开明，他也很看好沈从文这个年轻人。他说："儿女婚事，他们自理。"

允和非常高兴，她迫不及待地要把这个好消息告诉即将成为自己妹夫的沈从文。她叫了一辆人力车，一路奔向电报局。坐在车上，她开始构思电报的内容。按照拍电报的规矩，在电报结尾应该署名，而允和的名字中有一个"允"字，她忽然想到：我的名字"允"字不就是"同意"吗？于是这封电报拍得非常有创意，只有一个署名——允。她觉得，沈从文看到这封只有一个字的电报一定明白其中含义。

回家后，允和颇为自得地告诉妹妹兆和。兆和听后并没有称赞这份创意，反而一言不发。她有些担心，怕沈从文会看不懂这一字电报。于是，她又悄悄地跑出去另拍了一份："乡下人，喝杯甜酒吧。兆。"电报员有点莫名其妙，问兆和这是什么意思。兆和面颊绯红,羞涩道:"你甭管,照拍好了。"

当时的电报都是文言形式的,这应该算中国最早的白话文电报了。

同一年的寒假,沈从文再次来到苏州张家拜访。他擅长讲故事,因此他一来,家里姐弟们都想听他讲些奇闻趣事。晚饭后,沈从文再度成为焦点,大家围在炭火盆旁,满心欢喜地听他讲故事。沈从文对各种故事信手拈来,随编随讲。他讲怎样猎野猪;讲船只怎样在激流中下滩;讲到山间的各种动物,便手舞足蹈地怪叫着学起来,或是鸟叫,或是狼嚎,逗得大家捧腹大笑。

此时的沈从文,与当年第一次上台讲课时的沈老师判若两人。看着这样富有魅力的沈老师,兆和心中定是欢喜的。那天一直讲到深夜,大家都困倦不已,沈从文却意犹未尽,依然滔滔不绝地讲着,大家都勉强打起精神听。最后还是兆和忍不住说道:"沈先生,我累了,你去吧。"据充和回忆,那时的三姐大有"我醉欲眠君且去"的意思。

那时父亲张冀牖和继母住在上海,沈从文见过张家姐弟后,又同兆和一起前往上海看望了兆和父母。

两人随后订婚,兆和也来到了山东青岛,在青岛大学图书馆工作。1931年九一八事变之后,国家开始重视对青少年的教育,杨振声原是青岛大学的校长,1932年接到编撰教材的任务,便辞去了校长之职前往北平,并邀请了沈从文。兆和也辞去了青岛大学图书馆的职务,与沈从文一起前往北平。与他们一同编写教材的还有朱自清等文化界著名学者。1937年卢沟桥事变后,这项工作被迫终止。

到北平后,沈从文、张兆和暂时住在杨振声家。有一次杨家大司务把沈从文的一条裤子送去洗,发现裤子里有张当票,便告诉了杨振声。原来,沈从文将张兆和姑母送的一只玉戒指当掉了。杨振声由此知道沈从文经济拮据,特意预支了五十元薪水给他。后来杨振声提起这件事常说:"人家订婚都送给小姐戒指,哪有还没结婚,就当小姐的戒指之理?"

1933年9月9日,沈从文与张兆和在北平中央公园结婚。在结婚前几天还发生了一段小插曲,在他们刚把东西搬进新房的那天晚上,四妹充和忽然发现家里来了小偷,于是大声叫:"沈二哥,起来!有贼!"沈从文一听"有贼",赶紧跳起来也大喊:"大司务!有贼!"大司务闻言也赶紧大声应和着,小偷见声势浩大,赶紧爬树上房溜走了。大家一阵忙乱,及至平静下来,才注意到沈从文手里正紧紧握着的搏贼武器——一把牙刷。

婚礼举办得低调且简单,而且沈从文结婚之前就对岳父大人表示:张家不需要给兆和任何陪嫁,他爱的是兆和,与张家的富贵无关。张冀牖对这个有骨气的女婿非常赞许。不过,沈从文当时的经济实力远逊于张家,他执拗地不肯要嫁妆,使得兆和嫁过来后,生活水平着实降低了不少。

这场由情书垒砌的浪漫爱情终于修成了正果，时至今日，人们依然对沈从文那些唯美的情话津津乐道。按理说，拥有这样美好的爱情，婚姻生活应该是极其幸福的，但是后来的事情，却是始料不及。未来，永远充满未知。

## 当爱情遭遇物质的现实

婚后，夫妻俩定居在北平西城达子营的一个小院子。那一年，沈从文刚好30岁，张兆和23岁。沈从文当时的月工资大约一百块钱，又是向来大手大脚惯了的人，因此生活常常捉襟见肘。而立之年的他很想给心爱的妻子稳定闲适的生活，但事实上，细致体贴的兆和对他的照顾更多。嫁给沈从文后，兆和从张家三小姐变成了沈家的家庭主妇，她不得不为每日的柴米油盐、衣食住行而精打细算。

婚后四个月，沈从文回湘西凤凰老家看望母亲。当时沈母病重，沈从文带着沉重的心情离开了北平。新婚初别，两人都非常不舍。这一路上，沈从文不停地给妻子写信，他亲昵地称兆和"三三"，因为兆和在家里排行第三；兆和则称他"二哥"，因为他在家排行第二。沈从文在旅途中写给兆和的第一封信是在桃源发出的,时间是1934年1月12日。他恨不得把自己的所见所闻都告诉她,"我已到了桃源,车子很舒服。曾姓朋友送我到了地,我们便一同住在一个卖酒曲子的人家,且到河边去看船,见到一些船,选定了一只新的,言定十五块钱,晚上就要上船的。我现在还留在卖酒曲人家,看朋友同人说野话。"在信中,他还讲到自己看到的一则寻人启事:"立招字人钟汉福,家住白洋河文昌阁大松树下右边,今因走失贤媳一枚,年十三岁,名曰金翠,短脸大口,一齿凸出,去向不明。若有人寻找弄回者,赏光洋二元,大树为证,决不吃言。谨白。"沈从文很有耐心地将这则寻人启事抄录下来写在信里给兆和看,爱一个人的时候,看见任何有趣的事物都想与其分享。心上人不在身边,便要拍下照片或者视频发过去,在那个没有电子通信设备的年代,文字是最好的传递方式。沈从文说:"三三,我一个字不改写下来给你瞧瞧,这人若多读些书,一定是个大作家。"

第二天,沈从文继续给心爱的三三写信,将自己看到的每一处风景都化为文字寄给她:"这种时节两边岸上还是绿树青山,水则透明如无物,小船用两个人拉着,便在这种清水里向上滑行……"每读至此,总要为沈从文的文笔惊叹。简单的几十个字,便将一幅秀美的山水行船图勾勒出来。撑船的舵手姓刘,从16岁就在这里划船,此时已经53岁了。沈从文惊诧不已,他在信中对兆和说:"来,三三,请你为我算算这个数目。这人厉害得很,四百里的河道,涨水干涸河道的变迁,他无不明明白白。他知道这河里有多少滩、多少潭。看那样子,若许我来形容形容,他还可以说知道这河中有多少石头!"

三天后,小船停在了鸭窠围。沈从文在当天写给兆和的信中说:"吊脚楼尤其使人惊讶,高矗两岸,真是奇迹。两山深翠,惟吊脚楼屋瓦为白色,河中长潭则湾泊木筏二十来个,颜色浅黄。地方有小羊叫,有妇女锐声喊'二老''小牛子',且听到远处有鞭炮声,与小锣声。"

爱情总是能激发人无尽的灵感。他用笔墨将风景封存在文字里,她在信的另一端用想象将那些千里之外的风景还原。给兆和写信时,沈从文是快乐而甜蜜的,他说:"风大得很,我手脚皆冷透了,我的心却很暖和。但我不明白为什么原因,心里总柔软得很。我要傍近你,方不至于难过。""风很猛,船中也冰冷的。但一个人心中倘若有个爱人,心中暖得很,全身就冻得结冰也不碍事的!""爱我,因为只有你使我能够快乐!"

后来河道急流不断,船主只好又雇用了一名老纤夫帮忙。这是一个须发皆白的老人,牙齿已经脱落,身材却非常魁梧健硕。沈从文对他的描述是像托尔斯泰:"眉毛那么浓,鼻子那么大,胡子那么长。"不过,他觉得这位老人应该比托尔斯泰干净、秀气。当他看到老人一把年纪还那么卖力气,甚至为了一百钱大声地让了许久,心中忽然生出一个疑问:"这人为什么而活下去？他想不想过为什么活下去这件事？"这个问题一旦生出便萦绕于心际，第二天，他依然在思考这个问题。他站在船后舱看着波光粼粼的河水，竟忽然有彻悟的感觉，"我心中似乎毫无什么渣滓，透明烛照，对河水，对夕阳，对拉船人同船，皆那么爱着，十分温暖地爱着！我们平时不是读历史吗？一本历史书除了告我们些另一时代最笨的人相斫相杀以外有些什么？但真的历史却是一条河。从那日夜长流千古不变的水里石头和沙子，腐了的草木，破烂的船板，使我触着平时我们所疏忽了若干年代若干人类的哀乐！"他像一个智者悟出了生命的真谛："三三，我错了。这些人不需我们来可怜，我们应当来尊敬来爱。"

沈从文所思考的问题，也许很多人都曾想过，但是能像沈从文这般深思并彻悟的却不多。

离凤凰越来越近，离心爱的人越来越远，思念也越来越浓烈。给兆和的每一封信里，他都会详尽地记录自己的所见所闻。快到凤凰的时候，他在信中这样写道："我今天同昨天在路上看到许多白塔，许多就河边石上捶衣的妇人，而且还看到河边悬崖洞中的房屋，以及架空的碾子。三三，我已到了'柏子'（沈从文早期小说《柏子》中的主人公，1928年5月写于上海）的小河，而且快要走到'翠翠'（沈从文中篇小说《边城》中的女主人公）的家乡了！"

沈从文笔下风景醉人，而情话更醉人。他说："日中太阳既好，景致又复柔和不少，我念你的心也由热情而变成温柔的爱。我信中尽喊着你，有上万句话，有无数的字眼儿，一大堆微笑，一大堆吻，皆为你而储蓄在心上！我到家中见到一切人时，我一定因为想念着你，问答之间将有些痴话使人不能了解。也许别人问我：'你在北平好！'我会说：'我三三脸黑黑的，所以北平也很好！'不是这么说也还会有别的话可说，总而言之则免不了授人一点点开玩笑的机会。母亲年老了，这老人家看到我有那么一个乖而温柔的三三，同时若让这老人家知道我们如何要好，她还会更高兴的。我在辰州时，云六（沈从文大哥）说：'妈还说晓得从文怎么样就会选到一个屋里人？同他一样的既不成，同他两样的，更不好。'可是如今可来了，好了，原来也还有既不同样也不异样的人！家中人看到我们很好，他们的快乐是你想不出的。他们皆很爱你，你却还不曾见过他们！"

沈从文与张兆和举办婚礼时非常低调，双方父母虽然都支持，但是毕竟路途遥远且交通不便，他们都没有到场。因此到现在，兆和还没有见过沈从文的家人（除了与他们同住的小九妹沈岳萌）。

沈从文在明山秀水间长大，性子里也总带着山水般的纯真。他向她描绘天上的新月星辰："三三，昨天晚上同今晚上星子新月皆很美，在船上看天空尤可观，我不管冻到什么样子，还是看了许久星子。你若今夜或每夜皆看到天上那颗大星子，我们就可以从这一粒星子的微光上，仿佛更近了一些。因为每夜这一粒星子，必有一时同你眼睛一样，被我瞅着不旁瞬的。三三，在你那方面，这星子也将成为我的眼睛的！"

沈从文写给妻子的信浪漫、唯美而又热情洋溢，兆和给他的回信同样浪漫，她对他的思念丝毫不少："你走了两天，便像过了许多日子似的。天气不好。你走后，大风也刮起来了，像是欺负人，发了狂似的到处粗暴地吼。这时候，夜间十点钟，听着树枝干间的怪声，想到你也许正下车，也许正过江，也许正紧随着一个挑行李的脚夫，默默地走那必须走的三里路。长沙的风是不是也会这么不怜悯地吼，把我二哥的身子吹成一块冰？为这风，我很发愁，就因为自己这时坐在温暖的屋子里，有了风，还把心吹得冰冷。我不知道二哥是怎么支持的。我告诉你我很发愁，那一点也不假，白日里，因为念着你，我用心用意地看了一堆稿子。到晚来，刮了这鬼风，就什么也做不下去了。有时想着十天以后，十天以后你到了家，想象着一家人的欢乐，也像沾了一些温暖，但那已是十天以后的事了，目前的十个日子真难挨！这样想来，不预先打电回家，倒是顶好的办法了。路那么长，交通那么不便，写一封信也要十天半月才得到，写信时同收信时的情形早不同了。"

兆和的信字里行间满是浓情蜜意，不知沈从文收到时，该是怎样的欢喜。沈从文对兆和的追求，可谓"精诚所至，金石为开"。兆和想象着二哥收到信时的样子："也许正同哥哥弟弟在屋檐下晒太阳，也许正陪妈坐在房里，多半是陪着妈。房里有一盘红红的炭火，且照例老人家的炉火边正煨着一罐桂圆红枣，发出温甜的香味。你同妈说着白话，说东说西，有时还伸手摸摸妈妈衣服是不是穿得太薄。忽然，你三弟走进房来，送给你这个信。接到信，无疑地，你会快乐，但拆开信一看，愁呀冷呀的那么一大套，不是全然同你们的调子不谐和了吗？我很想写：'二哥，我快乐极了，同九丫头跳呀蹦呀地闹了半天，因为算着你今天准可到家，晚上我们各人吃了三碗饭。'使你们更快乐。但那个信留到十天以后再写吧，你接到此信时，只想到我们当你看信也正在为你们高兴，就行了。"

在爱情的滋养下，沈从文的文笔越发精彩，那一封封写给妻子的动人信件，展现出了一代名家的风范。展现他才华的当然不限于家信，还有一篇篇精彩的小说。名噪一时的《边城》则是爱情滋养下的另一巨作。

一般认为，《边城》中翠翠的形象是以张兆和为原型的。沈从文这样描写翠翠："翠翠在风日里长养着，把皮肤变得黑黑的，触目为青山绿水，一对眸子清明如水晶。自然既长养她且教育她，为人天真活泼，处处俨然如一只小兽物。人又那么乖，如山头黄麂一样，从不想到残忍事情，从不发愁，从不动气。"这个形象的确与兆和非常相似，从肤色到性情，都是兆和的特征。当然，小说中的人物原型未必只有一个，作者大多会博采众长，将生活中的多个人物集合一处，写成同一个人物。因此《边城》中关于翠翠原型，私以为必有兆和的成分，但未必完全是兆和。

这部作品曾入选20世纪中文小说一百强，排名第二，仅次于鲁迅的《呐喊》。故事中所描写的湘西山水与独特的风土人情，不知曾令多少人心驰神往；天真清秀的船家少女翠翠更是展现了人性中最纯粹的美好，不知令多少读者怦然心动。在那个烽烟四起、动荡不安的年代，沈从文用一支简单的笔勾勒了一座世外桃源，那里远离都市文明，没有尔虞我诈，没有烽烟战火，人们仿佛生活在一幅唯美的画卷里。灵动的笔触背后，是沈从文对爱情矢志不渝的坚守。遇见那个"小兽物"一样的姑娘后，他的人生多了一抹明媚的色彩。

## 生别与重逢

沈从文家里还有个小九妹,名唤"沈岳萌",这个小姑娘是父母的掌上明珠,沈从文搬到北平没多久,她也过来与二哥同住。小九妹是在宠溺里长大的,母亲患上肺痨后,便万里迢迢带着小九妹来到北平,亲自将她托付给沈从文,希望二儿子能好好照顾这个妹妹。沈从文自然也很疼爱妹妹,只要是妹妹喜欢的,他恨不得统统买下来。沈从文那一百块钱的工资完全不够用,有时候工资下来,还不到一个星期就被小九妹挥霍光了,而柴米油盐的事情,只能丢给兆和去想办法。

沈从文本希望小九妹能好好读书,成为林徽因那样的才女,但小九妹似乎天生对读书不感兴趣。她倒是常挟着本英文书,但是从来不读。

婚后,小九妹的事情常常令兆和头疼。此外,沈从文的许多毛病也暴露出来。他喜欢收藏，如各种小碗、小罐、瓶子、漆盒之类的，虽然没有收藏那些昂贵的名家字画、青铜器或者玉器，但是那些小来小去的物件累积起来，也是一笔不小的花费。

有些人适合朝夕相处，一旦分离，浓情蜜意皆会淡去；有些人则恰恰相反，他们偏偏适合分离，一旦朝夕相处，种种问题便暴露无遗，昔日的深情款款荡然无存，代之以无休止的争吵。而张兆和与沈从文，偏向后者更多一些。翻阅沈从文与张兆和的信笺，那份动人的思念与甜蜜温热犹存，多少跳跃的文字，穿越近百年的岁月诉说着当年的情深意笃。我们无法相信，这样甜蜜的伴侣，在朝夕相处的生活中并没有那么温存，反而常有许多矛盾。

在结婚的当月，沈从文收到《大公报》的邀请，担任了该报文艺副刊的主编。同时，他还主持编写教材的工作，闲暇时则进行文学创作。他在文坛的地位迅速提升，与一众北平作家被称为"京派作家"。在这一众作家中，沈从文占据着重要地位。

作为主编，沈从文总是耐心地审阅一篇篇稿件，遇到一些有经济困难的作者，他会慷慨解囊，自掏腰包先行垫付作者的稿费。在外人看来，沈从文似乎经济条件优渥，实则不然。虽然收入还算可观，但老家母亲病重，小九妹耽于享乐，家中保姆也要开工资，处处都需要钱。

小九妹此时已经到了谈婚论嫁的年龄,沈从文和张兆和都开始为她的终身大事操心了。他们为小九妹介绍了在燕京大学心理系任教的教授夏云(夏斧心)。夏云很喜欢小九妹,对她也非常关心。但是小九妹心高气傲,对夏云并没有太上心。她在哥哥的要求下学了几年法语,但并没有取得多大成效。她喜欢看那些浪漫纯情的小说,少女心也逐渐萌动起来。她一面渴望唯美浪漫的爱情,一面又畏惧柴米油盐的婚姻。当她明白夏云的可贵时,已经错过了夏云。

沈从文和大哥沈岳霖曾资助过家乡的一个名叫刘祖春的年轻人去北京大学读书。刘祖春在沈从文的指引下逐渐在文坛崭露头角,来到北平后,他特意去沈从文家里拜访沈从文,自然也见到了小九妹。

刘祖春早就知道沈从文有这样一个可爱漂亮的妹妹。那是在一期《小说月报》的封面照片上,画面中丁玲抱着一个婴儿坐在前面,小九妹穿着一身朴素的旗袍站在她身后。那张俏丽的面庞给刘祖春留下了深刻的印象,及至见到小九妹本人,他更是惊艳不已。很多年以后,他依然记得与小九妹的初见:"从文的妹妹岳萌从东屋晚出来一步,掀开门帘,站在那里微笑,看着我这个刚从家乡才到北京的同乡年轻人。"

两个人年龄相仿,很快互生好感。兆和与沈从文都是过来人,自然一眼就看出了两人心底的小秘密,只是双方都没有说破而已。兆和夫妻俩打算推动一下,让两个年轻人彼此迈进一步。

一个周末,张兆和、沈从文约了刘祖春和小九妹一起逛公园,刚在回廊上休息一会儿,张兆和与沈从文便借故离开了。只剩下小九妹和刘祖春两个人,他们知道哥嫂的用意,因此更加羞涩。两人沉默了一会儿,有一群游客嬉笑着走过来,两人吓得急忙跑开,赶上了沈从文和张兆和。

如果刘祖春能留下,想必这是一桩完美的婚姻。然而世事难料,卢沟桥事变后,刘祖春决定舍小我为大我,投身革命事业。

小九妹很想和他一起去,但是刘祖春知道这条路必然充满未知的艰险,他不想让她冒险。最后,刘祖春一个人奔赴战场,从此,两个人再也没有见过面。

刘祖春的离开,给了小九妹沉重的打击。张兆和经常看到她无缘无故地哭泣,曾经那个骄傲蛮横的小九妹一下子变成了忧郁的姑娘。

婚后不久,张兆和有了身孕。1934年11月20日,她生下一名男孩儿,沈从文为爱子取名"龙朱"。三年后,夫妻俩有了第二个儿子,取名"虎雏"。做了父亲的沈从文当然开心不已,但是肩上的担子又重了几分。不过,即便物质条件匮乏一些,此时这个小家庭还算圆满幸福。他们尚不知,更艰难的生活正悄然来临。

1936年，他刚出版了《湘行散记》，其内容多以两年前返乡时旅途中写给兆和的信为素材。他自己对这部分非常满意，兆和带给他的源源不断的灵感，在他的笔下飞扬成了一篇篇精彩的文章。

卢沟桥事变后，很多北平的作家、学者、科学家等无法在那样的氛围下工作，纷纷离开北平。沈从文也和他的几个朋友一起离开了北平，把兆和和两个儿子暂时留在家里。因为当时大儿子龙朱才两岁半，小儿子虎雏才五个月，如果这样拖家带口地逃离北平，很容易被人发现。他们约定在上海会合，而且兆和的娘家人有不少也在那里。

与沈从文同行的还有好友杨振声、朱光潜、梁宗岱等。杨振声时任北大教授，北平沦陷后，他便筹划着将当时中国最有名的三所大学——北京大学、清华大学以及南开大学合并成"联合大学"，并计划将学校迁至千里之外的湖南长沙。因此，外界猜测沈从文离开北平，应该也有杨振声劝说的缘故。

众人打算先从北平到天津，从天津转车去南京，再从南京前往上海。然而变化总比计划快，在前往天津的列车上，众人已经敏感地嗅到了危险的味道。那列车上到处都是搜查的日本士兵，盘查得非常严格。为了以防万一，他们还提前编造了假身份，不过好在没有用到。

8月的天津已有落叶飘零，恰如众人漂泊的命运。谁都不知道明天的自己会在哪里，更无谈此生的命运将漂泊何方。天津租界是城市里唯一安全的孤岛,众人好不容易在租界的旅馆里住了一宿,第二天得到一个糟糕的消息——上海已经遭到日军袭击,那里已经不是安全的地方。

计划被打乱后,众人只能听天由命。在天津滞留了十余天后,有一艘英国商船正要前往山东烟台。烟台的局势如何,众人不得而知,但这毕竟也是一条路,大家临时决定乘坐英国商船前往烟台。

抵达后大家才知道,烟台已经处于两军对峙的局面,战争一触即发。在那个烽烟四起的年代,想找到一处没有战火的地方是一件多么奢侈的事!于是众人又辗转离开烟台去了青岛,之后又从青岛乘坐火车去了济南。

又是惊心动魄的一路。日军的飞机不时地在上空飞过,列车警报一次又一次拉响。每当警报响起,大家都赶快躲藏到铁路两旁的田野里,直到飞机离开才重新上车。虽然距离不远,但因为路上突发情况太多,他们直到入夜才抵达济南。

旅馆基本都满了,沈从文和朋友们疲惫地走在济南的街头,希望能找到落脚的地方。正走着,忽然有人朝他们径直走过来,邀请他们前往济南一家很好的旅馆。原来,山东教育厅厅长提前知道了他们即将抵达济南的消息,已经帮他们订好了旅馆。众人大喜,若再没有落脚的地方,只怕要露宿街头了。他们在济南停留了两天后又赶往南京,这一场颠沛流离仿佛没有尽头。

此时南京也遭到了日军的侵袭，市里正在进行紧急疏散。就在他们抵达南京时，日军集中火力轰炸了北极阁。黑色的夜幕将战火映衬得越发刺目，众人看着远处的火光，听着轰隆隆的炸响，除了痛心国事，也为眼前的前途倍感迷茫。两天后，身在南京的教育界人士召开会议，决定前往湖南长沙组建临时大学。沈从文则一个人辗转到了武汉，暂时在武汉大学图书馆工作。沈从文以为总算安定下来，但是还没等他把妻儿接过来战火又随之而来了。

战火从北向南燃烧，人们只能从北向南一路奔走。沈从文离开武汉后在长沙有过短暂的停留，之后又去了昆明。而西南联合大学也因战事迁到了昆明，纵然炮火轰隆，他们依然弦歌不辍，为祖国前线输送了大批优秀的人才，也在国家最危急的时刻保留了文化的血脉。

在这段颠沛流离的日子里，沈从文遭受的是躯体的磨难，而张兆和遭受的是精神的磨难。她无时无刻不在担心丈夫的安危，战火连天的年月里，谁知道意外和明天哪一个先到来呢？曾经是沈从文不停地给她写信，而她却不愿回信；现在，却是她不停地给沈从文写信，而沈从文没有时间回信。命运总是那么奇妙，曾经那个"顽固地不爱他"的姑娘，已为人妻、为人母，她要用自己瘦弱的双肩，为两个儿子撑起一片明媚的天空。

那一年张兆和27岁，青春尚在，她却总是有一种苍老的感觉。担心丈夫的安危，也担心丈夫会成为同行者的负担。她太了解沈从文了，这个生活能力相当一般的男人，没有她细心的照料，该如何走过漫漫长路？

兆和是个独立的女子，若非走投无路，决不低头求人。她骨子里带着一份骄傲，纵然落魄困窘时，也总要昂起头。对于生活，她也很有远见，在给沈从文的信里，她这样写道：

> 说到我们此后生活问题，你所见较大较远方面，我都一一同意，但就较近较切身的眼前生活而言，虽然暂时可无问题，但若果真你的工作明年不能继续，我希望你要早一点想办法才好。固然，凌宴池答应你可以有你一年的饭吃，我这里要合肥家里接济总也不会遭拒绝，但我们就能安于此吗？我希望的是能不求人最好，即或是自家爸，你应该知道我的苦衷，假如我自己母亲活着，想想看，现在还待我开口求助吗？你懂得我这点心情，你写信到合肥时，无论是给大姊或宗弟，请不要提到要爸爸帮助我的话，到不得已时等我自己写信，这话由你口中说出去，我不愿意。

字里行间，能看出兆和的无奈。姐妹们与后母的关系只是保持着该有的礼貌与尊重，谈不上亲近。在此前的信笺中，兆和还这样写道："你晓得我家那位令堂的脾气的，为什么给爸爸找气受？再说，自己能挨总想挨过去不求人好。"兆和不愿向娘家求助，大姐元和曾给沈从文寄过钱。最困难的时候，姐妹们总是患难与共，彼此相携相扶。

沈从文当然也无比思念妻儿。他一直想着有了安稳的地方就把妻儿接过来，但没想到，他竟然整整颠沛流离了一年多。每每往家里寄信，他总是多花些钱寄快信，即便没什么急事，他也希望她能尽早收到。

沈从文在昆明担任西南联大副教授，同时与杨振声、朱自清等人继续编写之前的教材。在之前的战火中，许多已经编好的教材手稿被毁，他们不得不从头开始。四姐妹中最具才名的小四妹充和也加入了编写教材的行列。终于安顿下来，沈从文催兆和南下的信如雪片般寄回北平。而兆和似乎很享受与沈从文通信的感觉，不想马上前往昆明。

沈从文追求张兆和是缘于爱情，而张兆和嫁给沈从文，或许更多的是缘于感动。即便已经结婚这么久，她依然没有找到与沈从文心心相印的感觉。沈从文曾在信中这样写道："说老实话，你爱我，与其说爱我为人，还不如说爱我写信。总乐于离得远远的，宁让我着急，生气，不受用，可不大愿意同来过点平静的生活。你认为平静是对你的疏忽，全不料到平静等于我的休息，可以准备精力做一点永久事业。"他知道她不够了解自己，但他依然爱她入骨。他甚至坦言，如果能有其他人给她幸福，他愿意放她自由，"我不滥用任何名分妨碍你的幸福。我觉得爱你，但不必需因此拘束你"。

在写下这样的话时，沈从文必定是悲伤至极的。而兆和的回信倒是干净利落："来信说那种废话，什么自由不自由的，我不爱听，以后不许你讲。……脑筋里想那些，完全由于太优裕的缘故，以后再写那样话我不回你信了。"

兆和虽然不够理解沈从文，但她明白他对自己最真挚的爱。她已经认定了他是此生相依相伴的人，并全心希望他能越来越好，无论是写作上，还是事业上。兆和会在信里评点他的文章以及他的写作风格，并适当地给出建议。

有些爱情因离别而破碎，而有些爱情，却因离别而愈加坚固。张、沈的爱情属于后者，这段漫长的离别让他们在文字里一次次重逢，虽然兆和不愿南下，但她对沈从文的感情正日渐深厚。

1938年的盛夏，战事越发激烈，加之沈从文不断来信催促，兆和终于决定动身前往昆明。但此时从北平到武汉和长沙的两条陆路全都无法通行了，最合适的方式是走水路，先从天津到香港，然后经过海路到越南，再从越南乘火车前往昆明。

知道妻子终于下决心来昆明，沈从文长出了一口气。他赶紧帮妻子提前办理了各种手续邮寄到香港，待兆和抵达香港取到后就可以直接前往越南，然后从越南前往昆明。

然而这时兆和又动摇了。她不是行动派，很多事情总要考虑很多遍才去做，她舍不得那些书籍物件，舍不得这个经营了好几年的温馨小家。其实,如果她能早一点离开,会比现在离开方便得多,而现在想前往昆明,难度不知增加了多少倍,所需的路费也增加了许多。如果再拖下去,不要说所需要的钱会更多,就连能不能离开,甚至能不能安稳地活着,都不好说。

沈从文知道妻子动摇后非常生气,对妻子一向温雅的他立即回信质问道:"你究竟是什么意思,是打算来,打算不来?是要我,是不要我?因为到了应当上路时节还不上路,你不能不使人疑惑有点别的原因。"

这些话若是直接说出来,只怕会如狂风暴雨般。兆和收到信后终于打消了动摇的念头,带着两个儿子及小九妹离开了北平。几经周折,他们终于抵达昆明。一家人久别重逢,两个孩子已经长大很多。他们住在昆明城北门街的一个大宅子里,这里住了好几家,杨振声一家、四妹张充和也住在这里。

战火可以阻断交通,甚至截断人的性命,却无法阻隔人世间最宝贵的真情。彼时有多少人在战火中颠沛流离,甚至常常失去彼此的联系,但是那份真情却连通血脉,纵然跨越万水千山,也总要在踏碎苦难后紧紧相拥。

# 第三者

张兆和与沈从文的浪漫爱情一直为人津津乐道,然而再完美的爱情,也总会有一些缺憾。或许不完美,才是这世上唯一的完美。

一家人在云南昆明团聚不久,一位笔名高青子的姑娘也因避难来到了昆明,并在西南联大图书馆工作。高青子原名高韵琇,福建人,是一位小说家。她曾在"民国总理"熊希龄家中担任家庭教师,沈从文在北平时,便与她相识。沈从文与熊希龄有姻亲关系——熊希龄的幼弟熊燕龄是沈的嫡亲姨父,沈的大姐沈岳鑫嫁给了熊希龄的外甥田真 。除此之外,他们还是同乡,因此往来密切。

高青子读过沈从文的很多作品,是沈从文的忠实读者,不免对沈从文心存一份崇拜。她甚至刻意打扮成沈从文笔下女主角的样子，加上姣好的容颜，这不能不让沈从文怦然心动。

沈从文当然深爱着张兆和，但是他更渴望自己的伴侣是一位知他懂他的灵魂伴侣。高青子也知道沈从文家里有一位贤淑美丽的妻子，但还是无法抑制心中自然而生的爱恋。她知道这份感情的结局，只是当爱情来临，心已经不再由自己控制。

高青子将这份纠结的感情写成了一篇浪漫唯美的小说《紫》。小说以八妹的视角讲述了哥哥曾炎与两个女子的感情纠葛。曾炎已经与一个女子订婚，却又爱上了一个爱穿一身紫衣的璇青姑娘。故事的最后，璇青像一颗流星一样不知所终。显然，小说中的璇青原型就是高青子自己，而曾炎的原型则是沈从文。高青子早就知道这份情感不会有结果，但还是忍不住为之沉沦。

后来，这篇小说经过沈从文的推荐发表在《国闻周报》1935年第13卷第4期上，文章的署名即"青子"。这篇源于真情实感的小说充满浪漫情调，也很容易打动读者。在沈从文的鼓励下，她又创作了一系列以颜色为题的小说，如《白》《灰》《黑》等，并将这些小说结集出版，取名《霓虹集》。1937年12月，《霓虹集》由上海商务印书馆出版。

沈从文与高青子走得越来越近，张兆和也渐渐发现了一些端倪。有一次，她看到那篇高青子写的《紫》，发现故事里的主人公竟是如此熟悉。于是她带着满腹狐疑问起丈夫，一问之下不禁又惊又恼——沈从文竟坦言，他的确爱上了高青子。

沈从文能够坦诚，是因为足够信任。他天真地希望妻子能给他一些建议，让他这颗茫然无助的心找到一个停靠的港湾。然而女人的眼里往往是容不得半点沙子的，何况是骄傲的兆和。兆和为此非常生气，甚至回苏州老家待了很长一段时间。

后来到了战争时期，沈从文与兆和分别一年多，彼此间的矛盾、误会渐渐被时间调和成了对彼此的关心和牵挂。如今终于在昆明团聚，本以为一段感情纠葛就此成为历史，但没想到，高青子又出现了，而且比之前更近。她在西南联大图书馆的工作，也是经由沈从文介绍的。当时沈从文的小九妹沈岳萌也在那里，两个年轻漂亮的女孩子成了同事，也成了要好的朋友。

沈从文不想伤害心爱的妻子，他努力地淡忘这段感情，过一个平常人的生活。但努力终归是努力，动了情的心总是不由自主。在这种矛盾重重的情感中，沈从文写下了小说《看虹录》。显然，"看虹"与高青子的"霓虹"遥相呼应。

《看虹录》以第一人称展开，"我"是一位男作家，在一个雪花飞扬的深夜去看望情人。室内非常温暖，两个人在情欲的诱惑下忍不住献出了自己的身体。尽管小说笔法非常含蓄，但在那个年代，人们还是无法接受这样的描写，即便是暗示，也会被看作"艳情"，因此沈从文一度饱受非议。

或许小说中的场景，作家曾在脑海中出现过许多次。一个是为了自己从大家闺秀成为家庭主妇的妻子，一个是为了知他懂他的红颜知己,沈从文苦恼不已。恨只恨这世间没有双全法,他多希望大家都幸福,不伤害任何人。沈从文曾写信给好友林徽因向她倾诉苦恼,林徽因劝他理智一些,将这份泛滥的情感压制下去。

年少轻狂的时候,谁不曾迷茫过呢?高青子从一开始就知道这段感情终究不会有结果,只是无法说服自己,但随着时光的流逝与自己的成长,她终于能够说服自己离开沈从文。于是这段感情纠葛,最终以高青子的退出而告终。沈从文的同事吴宓教授曾在1941年1月7日的日记中记录过高青子的行迹:"9:00警报至。宓即北行,仍至昨往之谷中避之。寝息。读《涅槃经》。遇陈霖及高韵琇(青子)一对爱侣。"由此观之,高青子离开沈从文后应该是与一位叫陈霖的男子走到了一起。而张兆和与沈从文的生活,也渐趋平和。

战争还在继续,警报时常拉响。在战火烽烟中,一家人彼此依靠、彼此拥抱,当爱情步入婚姻,便在柴米油盐中渐渐融合为亲情。龙朱、虎雏两个孩子在长大,张、沈也在一天天老去。

在昆明的生活虽然谈不上美好,但大家总能编织许多生活的乐趣。张充和曾在《三姐夫沈二哥》中详细记录了当时的生活场景:"七七事变后,我们都集聚在昆明,北门街的一个临时大家庭是值得纪念的。杨振声同他的女儿杨蔚、老三杨起,沈家二哥、三姐、九小姐岳萌、小龙、小虎,刘康甫父女。我同九小姐住一间,中隔一大帷幕。杨先生俨然家长,吃饭时团团一大桌子,他南面而坐,刘在其左,沈在其右,座位虽无人指定,却自然有个秩序。我坐在最下首,三姐在我左手边。汪和宗总管我们的伙食饭账。在我窗前有一小路通山下,下边便是靛花巷,是中央研究院史语所所在地。时而有人由灌木丛中走上来,傅斯年、李济之、罗常培或来吃饭,或来聊天。院中养只大公鸡,是金岳霖寄养的,一到拉空袭警报时,别人都出城疏散,他却进城来抱他的大公鸡。"

在烽烟四起的年月里,昆明也没能成为战火中的和平孤岛。1939年的春天,日军飞机开始轰炸昆明,爆炸声此起彼伏。兆和决定带着两个孩子迁到郊区小县城呈贡。呈贡离家不远,而且当地还专门为难童开办了一所学校,兆和可以去那里应聘教师。

兆和是个容易安于现状的人,生活也好,爱情也罢,她总是有些被动。兆和还在北平的时候,沈从文曾鼓励她做些自己喜欢的事情,并建议她去做翻译工作。"不拘译本什么书都好,就因为我比你还更知道你,过去你读书用心,养成一种细致头脑,孩子只能消磨你的精力,却无从消磨你的幻想或思想。"沈从文在信里劝说道。但是兆和并不认可,她回信说:"你说读书,现在还说译书,完全是梦话。一来我自己无时间无闲情,再说译那东西给谁看?谁还看那个?"

不过,让兆和去学校教书的建议不是出自沈从文,而是出自四妹充和。充和先发现了那所学校,她知道三姐平时的生活并不开心,因此也想让她有份自己的事业,生活不至于压抑苦闷。

兆和接受了妹妹的建议。搬到呈贡县后,她每天步行往返二十多里地去学校上课,路旁是大片大片的油菜花和麦田,光是看着那些风景就令人神清气爽。龙朱和虎雏也都能自己照顾自己了,龙朱每天步行去学校,有时听到警报声,便迅疾跑回家中看望弟弟。虎雏在母亲上班后自己在家里,像个小大人一样坐在矮凳上吃饭。

沈从文依然在西南联大任教,每到周末,总要"跋山涉水"地赶回家中——先是提着包袱挤一个小时的火车,然后再骑马走上十里地,才能到达呈贡县的南门。

他们在呈贡县租了一栋房子,那房子是很久以前当地的一位地主花了十二年的时间建造的。房子的每一个细节都极其精巧,窗格上雕的蔬菜瓜果、蛤蟆兔子等图案,竟没有重样的。

房子很大,沈从文刚看到这房子时便非常喜欢。他租下靠近花园的三间房给自己的家人住,对面两间租下给一位画家朋友居住,在画家楼上有六个小房间,其中有一个是佛堂,佛堂边上还连着一个很小的半间房,后来这里成了充和的闺房。

在呈贡县的那段时间,一家人生活得温馨而快乐。兆和总要想方设法哄两个孩子,有时候给他们唱合肥土话的童谣;孩子们听够后,她又学了几句妙趣横生的吴语小调唱给孩子们听；小家伙们太调皮，后来兆和又唱京戏哄他们。

不过，兆和最喜欢的还是昆曲。她喜欢和四妹充和一起清唱昆曲，而两个孩子则以丑化篡改为乐。

兆和常常为两个孩子忙得左支右绌，只有赶上沈从文回家，才能轻松下来。沈从文在两个装美孚油桶的木箱上架起了一块画板，这个简易的设施成了一家人的文化活动中心。兆和在画板上为学生批改作业，龙朱则在画板上练字。沈从文回家后，则会在上面写作。

沈从文也会用唱歌的方式来哄孩子，但是他只会唱一首："黄河黄河，出自昆仑山，流经蒙古地，转过长城关！一二一！一二一！"这还是他早年当兵的时候学的。家人笑他，他也不恼，笑呵呵地说："不好听？我来学故事吧！"于是就像当初在张家讲故事时一样讲起各种奇闻趣事，间或学一下鸟叫声、狼嚎声等。有时候他也会讲追求兆和时的故事，那时的苦苦追求，现在看来却是充满乐趣的。有一次，他给孩子们讲到兆和读大学时，"妈妈读大学时候不肯理我，见到我就跑。有一天她到书店，喏，这样子左手挟两本洋书，右手拎一盒鸡蛋糕，头发后边短短的像男孩子，前边长长的拖到这里，快遮起眼睛了，呱的甩上去，要算神气呐。好，进了书店，忽然一抬头，看到柜台后边的萧克木先生，戴个黑边眼镜，像我像极了。好，以为碰到沈从文了，即刻呱！丢下鸡蛋糕，扯起脚就跑！"

逗孩子们玩的时候总是开心的，但孩子们不知道，父亲也有父亲的难处。他的身边教授云集，若论学历，他是最低的，虽然在文坛上很有声望，但依然会受到一些人的挖苦与白眼。

每天在这样的环境里工作，沈从文倍感压力。除了教学，他还要夜以继日地写作。沈从文有爱流鼻血的毛病，有时候流着鼻血还要辛苦地写作，兆和知道后心疼不已。而任性惯了的小九妹却不以为意，她起初和哥哥住在昆明，总喜欢到处闲逛，去吃馆子、看电影，沈从文为了妹妹可谓心力交瘁，最后实在无力照顾她，只好把她也送到了呈贡县。

兆和与小九妹的关系已经大不如前，不过毕竟她是丈夫的妹妹，兆和还是接纳了她。自从兆和生下龙朱和虎雏，小九妹便心怀一丝妒忌，因为这两个孩子分走了哥哥的宠爱，从此，哥哥不能再独宠她了。

呈贡是个小地方，自然比不得繁华的昆明。小九妹不喜欢这里，她总是想方设法地跑回昆明。哥哥、嫂子当然不会同意，她便悄悄地将橱柜里的东西偷走当掉。实在没有车费，她干脆步行回家。有钱的时候她衣着光鲜亮丽，没钱的时候就满身虱子和乞丐们挤在一处。

沈从文为这个妹妹头疼不已。经过一番斟酌，他决定把小九妹送到大哥沈岳霖那里去。沈岳霖在湖南沅陵，也愿意对小九妹严加管教。到了沅陵后，小九妹一如故我，经常偷溜出去，有时候一失踪就是好几天。沈岳霖当然不会像沈从文那样纵容她，为了好好看管她，干脆把她锁在二楼的一个房间里。为了逃走，小九妹竟试图跳窗户，结果摔断了一条腿。但这并没有让她安分下来，几个月后，她还是逃走了。这一次她失踪了好几个月，当她再出现时，竟然已是一个孕妇了。原来，在这期间她与一个泥水匠结了婚。

沈岳霖对此格外愤怒，甚至不想再认这个妹妹："带上你的东西滚出去，你爱怎么过就怎么过，我再不认你这个妹妹了！"于是任性的小九妹彻底自由了。她与泥水匠先后生了三个孩子，起初生活还可以，但是到20世纪50年代末的饥荒年，竟因没有食物而饿死。曾经那么漂亮可爱的小九妹，最后的结局竟是如此凄凉，实在令人唏嘘。

虽然物质条件匮乏，但兆和总是想方设法地逗孩子们开心。兆和曾买来美军留下的黄油和水果罐头。她还用咖啡烘焙蛋糕，香味四溢开来，孩子们开心得不得了。

抗日战争结束后，组建西南联大的北大、清华和南开也复原迁回。没过多久，北京大学聘请沈从文为中国文学教授。就像当初避难先至昆明一样，这一次还是沈从文先行离开，打算把一切安顿妥当后再迎接妻儿回家。

彩云之南的记忆，有美好，也有痛苦。那些苦辣酸甜的记忆沉淀成岁月的佳酿，多少年过去，依然馥郁幽香。

# 迟来的理解

沈从文回北平半年左右，兆和也带着两个儿子离开了昆明。这一路颇为艰难，他们先乘坐火车到上海，然后又从上海乘船经由青岛抵达天津，最后乘火车回到北平。

兆和心思细腻，临行前还特意在孩子们的内衣上缝制了小口袋，里面缝入两块洋钱和一张写有沈从文北平地址的字条，以防路上与孩子们走散。不过好在这些都没有派上用场，几经辗转，一家人终于在北平团聚了。

1948年夏天，他们一家应邀前往颐和园东北角的园子里度假。当时北平市长打算把这个"园中园"作为消夏别墅，但因忙于政务一直没有实现。杨振声与市长相识，因此获准入园。园子很大，杨振声除了带家人外，还邀请了包括沈从文在内的几个老朋友同往。不过，兆和在园子里没住多久便回了北平，因为要去照顾生病的弟妹。

张、沈爱情的美好之处,大多展现在别离期间,尤其是那一封封情意缠绵的家信,令人读之感动不已。妻子刚走,沈从文就给妻子写了一封信。他说:"你可不明白,我一定要单独时,才会把你一切加以消化,成为一种信仰,一种人格,一种力量!至于在一处,你的命令可把我头脑弄昏了,近来命令稍多,真的圣母可是沉默的。虽然我知道是一种爱,但在需要上量似乎稍多了一点,结果反而把头脑变钝了许多。"

这封信中,他幽默地称她为"圣母",另一封信里还曾称她是"小妈妈":"小妈妈,生命本身就是一种奇迹,而你却是奇迹中的奇迹。我满意生命中拥有那么多温柔动人的画像!更感动的是在云南乡下八年,你充满勇气和精力来接受生活的情形,世界上哪还有更动人的电影或小说,如此一场一景都是光彩鲜丽,而背景又如何朴素!小妈妈,我近来更幸福的是从你脸上看到了真正开心的笑,对我完全理解的一致。"

已是中年的沈从文,在给妻子写信时却像是一个刚刚恋爱的大男孩儿,语气中满是温柔甜蜜。在高青子离开后,他更爱他的三三,他视她为心中的神,将一切的爱义无反顾地献给她。不过兆和对这种细腻琐碎的爱并没有多大感觉,她是个现实主义者,对浪漫主义者的深情,大多时候只能回之以感动。

1949年1月,沈从文病了。他患上了抑郁症,这种病更多的是内心的恐慌和绝望。他经常一个人自言自语:"生命脆弱得很，善良的生命真脆弱。"没有人理解他的孤独，孩子们不能，兆和也不能，他只能一个人啜饮寂寞，等待命运的审判。亲朋的关心，只能从外在舒缓疲惫的躯体，却不能真正地走进他的心里。兆和耐心地照顾他，一个人担起家庭的重任，强颜欢笑地接待前来拜访探望的客人，笑容里总是透着无法掩盖的憔悴。

后来，沈从文应朋友之邀前往清华园静养了两个月。这期间，张兆和似乎没怎么去看望他，但一直保持着书信联系。大多时候都是兆和在安慰丈夫，沈从文则回信表示感谢。他感动于妻子的细心体贴，但也为自己此时的状态与未来担忧。他的情绪似乎不太稳定，甚至有时候会陷入极度的悲观绝望中。有一次兆和写了一封满是温情关怀的信，收到回信时却惊讶不已——丈夫竟然在她的信中写满了"批语"作为回信，如兆和问他："清华园住下还不坏吧？毓棠、梦家、广田想必都已见到，多听人家谈谈也好，免得流于空想。"沈从文直接写上批语："我头脑已完全不用了，有什么空想。"兆和劝他："这种身心两方面健康的恢复，别人无能为力，只有你自己的意志力才能恢复它。这应该不太难，你试试看吧。"沈从文批语道："我'意志'是什么？我写的全是要不得的，这是人家说的。我写了些什么我也就不知道。"兆和说："天气好，清华园住下来想极舒适。城里略觉沉闷，孩子们都不让我出门。"沈从文批语道："给我不太痛苦的休息，不用醒，就好了，我说的全无人明白。没有一个朋友肯明白敢明白我并不疯。"

虽然朋友很多,但此刻的沈从文却陷入了极致的孤独中。曾经兆和为他的文章挑过许多毛病,这一次,他仿佛是要像兆和看自己的文章那样来批驳这封温情的家信,就连兆和说"棉毛内衣一件是你的,中和弟二三日内回校,你换了衣服托他带城来洗",沈从文都要批驳说:"衣洗不洗有什么关系?再清洁一点,对我就相宜了?我应当离婚了,免得累她和孩子。"

"离婚"二字一定深深刺痛了兆和,以前他们就算吵架,也从未提过这个词。但当兆和看到"小妈妈,你不用来信,我可有可无,凡事都这样,因为明白生命不过如此,一切和我都已游离"时,心中的难过转而变成了担忧。她知道丈夫现在的状态,因此回信里根本没搭"离婚"的话茬儿,而是告诉他朋友们的热情帮助让她如何感动。同时还说朋友王逊和她提到一个"你一向认为是朋友而不把你当朋友的"人,并说沈从文"人太老实",兆和"忍不住就淌下眼泪来了"。

在沈从文的众多朋友里,那个"你一向认为是朋友而不把你当朋友的"人很可能是丁玲。早在1925年,沈从文就与丁玲相识,而且丁玲后来与其好友胡也频发展为恋人关系,三人的友情曾一度传为佳话。1928年他们在上海创立了红黑出版社,胡也频后来加入了中国共产党。不幸的是,1931年1月17日,胡也频在东方旅社出席第一次全国工农兵代表大会预备会议时遭到国民党反动派的逮捕,2月7日被杀害。两年后的夏天,丁玲也遭到了逮捕,沈从文知道消息后全力营救,还连发两个营救声明。后来讹传丁玲牺牲,沈从文知道后非常痛心,写下了《记丁玲》和《记丁玲续集》两篇文章来悼念好友。

于情于理,沈从文作为朋友已算是做到极致,然而在那个消息闭塞的年代,丁玲听到的消息与沈从文的真正作为却大相径庭。她听说朋友打算以沈从文的名义去接她的母亲,却遭到了沈从文的拒绝。试想,一个能在第一时间以真实姓名发表营救声明的朋友,又怎会拒绝这样小小的要求呢?除此之外,丁玲对沈从文还有诸多误会,直到晚年,两位老人也没能恢复当年的友谊,丁玲甚至还写了一篇题为《也频与革命》的文章,痛骂沈从文为"贪生怕死的胆小鬼,斤斤计较个人得失的市侩,站在高峰上品评在汹涌波涛中奋战的英雄们的绅士",甚至抨击他写的那篇《记丁玲》为"编得很拙劣"的"小说"。

那是令沈从文最伤心的一段友谊。因此当王逊提起时,张兆和非常难过,她在信中告诉丈夫:"我第一次在客人面前落了泪,过后想想很难为情。王逊走后我哭了一阵,但心里很舒畅。"

或许是读到这里时,沈从文忽然发现妻子其实是了解自己的,而且知道妻子为自己落泪,也忍不住心疼。在回信中他安慰妻子道:"莫再提不把我们当朋友的人,我们应当明白城市中人的规矩,这有规矩的,由于不懂,才如此的。"写下这句话时，沈从文内心当是颇感慰藉的，但旋即又悲观起来，他说："小妈妈，你的爱，你的对我一切善意，都无从挽救我不受损害。这是宿命。我终得牺牲。"

这种悲观的笔调，似乎已经在暗示他即将做出的可怕的选择。

从清华园回家后，沈从文还特意带着二儿子虎雏去见过丁玲。他们上一次见面还是十三年前，老友相见，本该是一件令人兴奋的事，但事实证明，兴奋只是单方面的，丁玲对沈从文的态度非常冷漠，也没有向他提供任何帮助。他们之间的死结，这一生，都没能解开，甚至在两人去世以后，两家之间也隔着一重厚厚的冰。

在遭到种种批判后，沈从文不敢再写作了。对于一个以文为命的人来说，不能写作是一件极其痛苦的事，而更痛苦的，还在于写出来的东西不仅得不到认可，还要遭到各种抨击。他的抑郁情况越来越严重，在与丁玲会面后不久，他竟做出了一个骇人的选择——自杀。人们猜测，在与丁玲会面之前，沈从文就已经做出了这个决定，去见丁玲，只是与老朋友道别，想在人世间把这最后的死结解开。

沈从文是抱着必死的心自杀的。他先割腕割喉，然后又喝下煤油。当家人发现时，沈从文已经进入半昏迷状态，嘴里不停地说"我是湖南人……我是凤凰人……"

万幸的是发现得及时，家人惊慌失措地将他送医，沈从文捡回一条命，但心灵上的抑郁加上躯体上的创伤，他不得不住院疗养。

相比于沈从文的沮丧，兆和的表现则显得理智而稳重。她申请进入华北大学接受革命教育，但是因为丈夫自杀住院，她只好推迟了去华北大学的计划，直到丈夫出院，抑郁症有了明显的好转，她才开始进修。

到秋季开学，北京大学取消了沈从文的课程。没过多久，他有了一份新的职务——为北京历史博物馆的文物贴标签。

这份差事还是沈从文比较喜欢的。触摸那岁月沉淀的文物，就仿佛触及了一段历史。不过，工作环境比较简陋，库房黑沉沉的，而且不能生火。时值冬天，用来擦拭文物的抹布甚至会冻成冰坨。但这并不影响沈从文对这份工作的热爱，与文物打交道，比与人打交道不知要好上多少倍。

兆和后来做了《人民文学》的编辑，她多次劝丈夫继续进行文学创作，但是沈从文并不愿意。他虽然也写一些文物研究类的文章，但却不愿再进行文学创作。兆和以为丈夫在文学创作上失去了信心，是因为此前被那些批评家们抨击得怕了，不敢再出声。她不能理解丈夫为何在多年前条件那么艰苦的时候都能笔耕不辍，现在条件好了，"党那样关心创作，给作家各方面的帮助鼓励，安排创作条件，你能写而不写"。

沈从文有自己的想法，如果不能按照自己的想法去写，而只是一味地迎合，那样的作品在他看来是没有意义的，他希望能写出一些有意义的作品来。

"文革"时期,张兆和被下放到湖北乡下的"五七"干校,工作是把厕所里的粪便挑到菜田里,后来改成了比较轻松的岗位——看守厕所,防止有人偷粪便。曾经的大家闺秀如何能想到会经历现在的一切?人世浮沉,不过如此。不过兆和一向是冷静而理智的,她默默地接受了命运的安排。

没过多久,沈从文也被下放到这里。在他离开北京之前,允和曾去看望他。房间里非常杂乱,书、衣服等杂物随便乱堆,几乎无处落脚。沈从文从口袋里掏出一封皱皱巴巴的信给允和看,说:"这是三姐(兆和)给我的第一封信。"一面说着,一面把信举起来,已是年垂古稀的老人,却满面羞涩。允和说:"我能看看吗?"沈从文像捧着一件宝贝一样把信捧在胸口,没有答允和的话,只是喃喃地说:"三姐的第一封信,第一封。"说着说着,泪珠吧嗒吧嗒地滴落下来,哭得又伤心又快乐,像一个小孩子。

这一生,他都深爱着他的三三,无论她是否真正懂得他。下放的生活持续了三年多,直到1972年,他们才一起回到北京。

有那么一段时间,兆和与沈从文分居两地,到吃饭时间,沈从文到兆和那里吃饭,饭后就回到自己的住处。1987年,沈从文获得了诺贝尔文学奖提名,遗憾的是没能获奖。第二年,他再度获得诺贝尔文学奖提名,然而就在1988年5月10日下午，这位文坛巨匠永远地闭上了眼睛。因为诺贝尔文学奖不颁发给去世的人，这位最有希望获奖的作家给人们留下了永远的遗憾。很多人都坚信，如果沈从文没有在那一年去世，那一年的诺贝尔文学奖会属于他。

丈夫去世后，兆和开始着手整理他的遗稿。1995年，兆和整理出版了他们的信件，并在后记中写道：

> 六十多年过去了，面对书桌上这几组文字，校阅后，我不知道是在梦中还是在翻阅别人的故事。经历荒诞离奇，但又极为平常，是我们这一代知识分子多多少少必须经历的生活。有微笑，有痛楚；有恬适，有愤慨；有欢乐，也有撕心裂肺的难言之苦。
>
> 从文同我相处，这一生，究竟是幸福还是不幸？得不到回答。我不理解他，不完全理解他，后来逐渐有了些理解，但是，真正懂得他的为人，懂得他一生所承受的重压，是在整理编选他遗稿的现在。过去不知道的，现在知道了；过去不明白的，现在明白了。他不是完人，却是个稀有的善良的人。对人无心机，爱祖国，爱人民，助人为乐，为而不有，质实素朴，对万汇百物充满感情。
>
> 照我想，作为作家，只要有一本传世之作，就不枉此生了。他的佳作不止一本。越是从烂纸堆里翻到他越

多的遗作，哪怕是零散的，有头无尾，有尾无头的，就越觉斯人可贵。太晚了！为什么在他有生之年，不能发掘他，理解他，从各方面去帮助他，反而有那么多的矛盾得不到解决！悔之晚矣。

张、沈的浪漫爱情，时至今日依然为人们津津乐道。从当年课堂上的相遇，到后来的相濡以沫，兆和的不解他也好，冷落他也罢，他悉数包容。兆和终究是读懂了他的，虽然这份懂得来得太迟了，但她毕竟用自己的方式，让更多的人记住了他，记住了那段动人的岁月。

## 第五章

# 嫁给爱情

## 四小姐张充和的才情与高雅

# 归 宗

四小姐充和是四姐妹中最富才情的。她从小就远离了都市的繁华,一年中能与兄弟姐妹们在一起的时间不过数日。每次相见,三个姐姐都为小妹的才华折服,充和就像一朵袅娜的兰花,在与世无争的岁月里娉婷成长。她每天的课程都是满满的,养祖母识修为她请了最好的老师。16岁那年,养祖母识修去世,充和认祖归宗,回到了苏州九如巷的家。那时三个姐姐都已经在上海读大学,充和回家后,就在父亲的安排下进入了乐益女中读初中。

在合肥的时候,充和大多时间都在学习,朋友很少,到苏州后,她有了更多的自由时间,但是她依然喜欢一个人安静地生活。父亲办的这所乐益女中是新式学校,充和有些不适应。历史老师和文学老师教的那些她早已烂熟于心,而她不熟悉的生物课又令她害怕，尤其是解剖课。

由于成长环境完全不同，充和的性情也与三个姐姐不一样。大姐元和、二姐允和都喜欢出风头，有展示才艺的机会绝不会放过。充和的才艺绝不逊色于人，却从不愿意在众人面前展示。她喜欢昆曲，但只是和那些志同道合的曲友们切磋，轻易不会登台演出。

四姐妹最大的共同点，大概就是对昆曲的喜爱了。元和、允和、兆和学习昆曲，是父亲请了老师来教的，而充和学习昆曲，主要是通过书本来了解的。在合肥老宅有一间很大的藏书室，幼年的充和经常去藏书室找书看。各种戏曲、小说，充和都进行了广泛的阅读，如《桃花扇》《牡丹亭》等，其中有一些香艳的场景也尽收眼底。当她回到苏州，父亲张冀牗带她去看昆曲时，发现戏台上唱的那些故事她竟都看过。那种久违的熟悉感引领她步入了昆曲的大门，在之后的学唱中也有了事半功倍的效果。

充和在乐益女中读了一年多后，也像三个姐姐一样去了上海读书。但是课堂上讲到的《诗经》《左传》等经典古籍，她从小就学习过了，很多篇目甚至能熟练地背诵。

1933年，三小姐兆和与沈从文在北京结婚定居，张充和去参加婚礼，之后也一直留在北京。她计划去北京大学读书，并着手准备入学考试。她在三姐兆和家住了一段时间后搬到了自己的公寓，每天去北大旁听。考试主要包括四项内容：国文、历史、数学和英语。国文和历史是她的强项,至于英语,她在乐益女中和上海的学校时也曾学过,所以也不觉得难。唯有数学,她却是怎么也学不会。很多朋友都曾试着帮助她,但并没有什么效用,她依然学不会的。当时北京大学的录取名额只有几百个,而为了这少数名额紧张备考的却有好几千人。充和怎么也学不会数学,索性就不放在心上了,也没有采取什么措施去补救。

充和从小就打下了深厚的古文功底,对史书中的种种故事更是信手拈来。她并没有在备考上花太多时间,因为已经掌握的那些已足够用,而无法掌握的却是死活都记不住的。

一场特别的考试正在临近,考试委员会的老师们不知道,一个特别的学生即将走进他们的视线。张充和,这个才华横溢的姑娘将会令所有人敬佩。

## 四小姐"张璇"

考试的那天,家人为她准备了圆规和曲尺,但在考场上这些东西并没有派上用场,她坦言:"我没用,因为我简直连题目都看不懂。"

在考试的试卷上,充和留下的名字是"张璇"。那时沈从文已经是知名作家,招考老师中有很多人与他相识。如果她以本名"张充和"去考试,一定会让很多人联想到沈从文的妻子张兆和,姐妹俩的名字只差一个字,人们自然会联想到她们之间的关系。她不希望有人由此而对她偏心,同时,如果她不幸落榜,也不至于让家人为此蒙羞。弟弟张宗和有个朋友在宁夏的一所高中任校长,她通过这位校长开了一张"张璇"的高中文凭,做这些事,是瞒着姐姐和姐夫的。

考试成绩出来后,"张璇"数学零分,而国文却是满分。

北大的考试规则明确规定，考生如果有一门课是零分，就不予录取。批阅国文卷的老师非常喜欢这名学生的才华，非常想录取他。于是他们请批阅数学卷子的老师重新审核试卷，看看能不能给她几分，只要不是零分就好。于是批阅数学卷子的老师重新阅卷，但实在没有找出能给分的地方，最后还是给打了零分。

考试委员会的老师实在不想错过人才，最后想办法让"张璇"通过。

"张璇"被破格录取的消息不胫而走，当时的报纸还在大学新闻栏中做了专题报道，当然，报道中说被录取的是"张璇"，而不是张充和。那一年，北大中文系录取的女生只有两名，其一便是张充和。

不过，充和在北大读书期间，所收获的并没有预期中的多。学校虽然不乏专家、学者，但讲的很多东西依然是她学过的。她虽然年纪不大，但深厚的古文功底与国学素养，却鲜有人能与之相比。

充和活泼大方，甫至北大，就引起了大家的注意。她喜欢戴一顶红色的帽子，同学都喜欢亲昵地叫她"小红帽"。

这样一个秀外慧中的姑娘，如何不令人心生爱慕呢？追求充和的男子不在少数，著名诗人卞之琳就是其中一个。卞之琳就读于北京大学英文系，对英国浪漫派诗歌、法国象征派诗歌都颇有研究，他的作品中也流露着一种别致的罗曼蒂克情怀。

他是诗人,也是翻译家,曾翻译很多英法诗人的作品。他师从徐志摩,与沈从文是至交好友。

1933年的秋天,卞之琳第一次见到张充和。那时充和刚刚被北大录取,住在姐姐张兆和家里。许多文学青年、学者也经常到沈从文家里来,大家谈天说地、评古论今,非常惬意。有一次卞之琳来访,允和、充和也在,他与张家人颇为熟络,唯独与刚来不久的充和尚不相识。热情大方的允和为卞之琳介绍说:"这位小喇叭筒是我的四妹充和。她今年刚刚考入北大。今后,卞诗人与我们的四妹就是师兄兼老乡了。"

可谓"一见充和误终身",卞之琳第一次见到美丽聪慧的充和,便深陷于单相思中不能自拔。充和活泼大方,而卞之琳沉静内敛,两人相识后成了好友。在充和看来,卞之琳是一个要好的朋友;而在卞之琳看来,充和却是自己最爱慕的姑娘。

有一次充和与卞之琳、靳以等几位好友去照相馆,充和故意拍了一张歪着脑袋、睁一只眼闭一只眼的搞怪照片,几个同行的朋友都忍俊不禁。后来充和需要办理游泳证,便拿了这张搞怪的照片去,但场馆的人员说照片不合格。充和一本正经地问为什么不合格。工作人员说:"照片上一只眼睛是闭着的。"充和则说道:"什么话,我一向是喜欢睁一只眼,闭一只眼看这人世的。譬如,来者是一位'独眼龙',难道你就剥夺了人家游泳的权利?"这一番话,竟令工作人员哑口无言。

充和活泼俏皮,不知令多少男生怦然心动。卞之琳对充和的喜欢渐渐尽人皆知,但可惜"落花有意流水无情",这场漫长而浪漫的相思中,只有一个主角。

充和学识很高,但遗憾的是并没有获得北大的文凭。在她大二那年,有一次骑自行车不慎受伤,虽然只是轻伤,但是医院经过检查,却发现她已经患上了严重的肺结核。

健康重于一切,面对这突如其来的情况,充和只好放弃学业回到苏州的家中休养。家里人知道充和患病都非常担心,尤其是大姐元和,她那时正在海门工作,得到消息后赶紧放下手头上的一切工作,千里迢迢赶到北平把小四妹接回了家。

充和与三个姐姐相处的时间都不多,而这一次生病,却无形中拉近了她与三个姐姐的距离。元和没有再回海门,而是留在家里悉心照料她。姐妹两个经常一起切磋昆曲,过得快乐自在。

# 装饰了别人的梦

充和回家休养,却把无尽的思念留给了爱慕她的卞之琳。

充和的俏皮、充和的才情、充和的娇美,无一不深深吸引着卞之琳。当一个男人爱上一个女人时,总喜欢在她面前表现一番,若姑娘有意,则会觉得有趣,若无意,便会觉得是在卖弄。而卞之琳给充和的印象,便是"卖弄",甚至有些"装腔作势"。有一次允和试探着问她,充和笑答:"他的外表——包括眼镜在内——都有些装腔作势。"

而诗人的爱情却是一发不可收,他始终把她放在心里,那份沉沉的爱化作了一篇又一篇绝妙的诗文,令人感动,也令人惊艳。其中最有名的,便是那首《断章》:

你站在桥上看风景,

看风景的人在楼上看你。

明月装饰了你的窗子，

你装饰了别人的梦。

这首小诗本是一首长诗中的一部分，但是全诗只有这四行令他满意，于是从中截取出来，成为"断章"。这是一刹那的意境，人世间的万事万物都是相互依存、相互作用的。卞之琳说："人（'你'）可以看风景，也可能自觉不自觉点缀了风景；人（'你'）可以见明月装饰了自己的窗子，也可能自觉不自觉地成了别人梦境的装饰。"

充和是他梦里最美的装饰。

充和患上肺结核不得不离开北大回家休养，卞之琳颇为担忧。1936年，卞之琳的母亲病逝，回到家乡海门安葬了母亲后，他特意前往苏州的九如巷，去探望在家休养的充和。

在家休养的日子比在学校时单调许多，卞之琳的到来，令充和倍感愉悦。她带着卞之琳游览了苏州的各处风景名胜，看到这样精力充沛的充和，卞之琳很是欣慰，丧母的悲痛也得以舒缓。

卞之琳性格内敛，总是犹豫不决，如果他有沈从文追求张兆和的坚定意志，这场单相思，也未必以悲剧收场。1937年卢沟桥事变后，卞之琳收到了老师朱光潜的聘请——担任四川大学文学院的外文系讲师。

那年10月，卞之琳抵达成都。彼时烽烟四起，充和依然在苏州。日军的炮火由北至南，只怕苏州也难以保全，为了躲避战乱，很多人开始外迁。当时成都还相对安全，刚一落脚，卞之琳就给张充和写了一封信——邀请她前来成都发展，毕竟一直在苏州不是长久之计。

当时二姐张允和与二姐夫周有光带着一双儿女也在成都，充和也知道战火正向南方蔓延，宜早做准备，于是和大弟张宗和一番商议，决定前往四川，同行的还有一个堂弟。

这一路走得异常艰辛，日军的飞机不时地在头顶盘旋，路上还随时会杀出游兵惯匪。充和目睹了一场又一场因战争、疾病或饥饿而天人永隔的悲剧，路旁的尸体无人掩埋，只能任由风吹日晒成为森森白骨。

终于平安抵达成都，充和暂时借住在二姐允和家里。卞之琳盼星星盼月亮，终于盼来了心爱的姑娘。他怕充和初来乍到会不习惯，一直写信与她谈天说地。充和对卞之琳的印象逐渐改观，尤其是路上目睹了那些凄惨景象后，越发觉得卞之琳的一片赤诚多么可贵。

如果卞之琳能够趁此时好好把握，最后的结局犹未可知。

当时川大的几个朋友看出了卞之琳对充和的心思，于是经常在聚会时开他们的玩笑。充和虽然喜欢交朋友，但她骨子里是个雅致、清贵的姑娘，如何受得住这般起哄呢？她劝卞之琳不要再参加这种无聊的聚会了，但卞之琳却不好意思拒绝朋友们的邀请。

卞之琳心性善良，但总是犹豫不决。恰恰是这种犹豫，将一段本该美好的感情变成了最遗憾的结。充和见卞之琳犹豫不决，干脆一个人去了青城山散心。允和知道后，赶紧让四弟张宇和把充和找回来。此时，充和已经离开十天了，而卞之琳却仍在犹豫不决。他很想和张宇和一起上山并向充和道歉，但是一直拿不定主意，最后张宇和独自上了山。

当时的充和定是失望的。爱情的世界最是犹豫不得，举棋不定的人最易错失良缘。有些问题如果没有及时解决，等到很久以后你会发现，当初那只消一句话就能解决的小小问题，已经滚雪球一样变成了难解的戈尔迪乌姆之结。

从此，充和对卞之琳的态度再也回不到从前，她意识到，这个男人虽然才学很好，却并非自己能托付终身的伴侣。

后来卞之琳去了延安，在晋东南抗日前线观战并实地采访。但诗人终究是诗人，虽然心怀一腔爱国热忱，但前线的生活终究不太适合。1940年，他来到了西南联合大学，一方面是在这里教学；另一方面，也是希望能更靠近充和，因为他早就听说，充和也来了昆明。如果卞之琳能够早一点来到昆明，恋情也说不定会有转机。但他偏偏又是犹豫了很久才下定的决心，早已心灰意冷的充和在他刚到昆明时，就去了重庆。

1937年卢沟桥事变后，充和的三姐兆和与三姐夫沈从文一家都去了昆明，沈从文执教西南联大，后来沈从文为充和在教育部属下教科书编选委员会谋得一份差事——当时沈从文编选小说,朱自清编选散文,正好让熟知戏曲的张充和编选散曲。于是充和来到昆明,美好的彩云之南,留下了这位才女的缕缕香痕。虽然这份工作持续时间不长,但在云南的生活,却给她留下了终生难忘的回忆。

后来昆明也屡遭日军侵袭,城区过于危险,充和与姐姐兆和、两个孩子及沈从文的小九妹搬到了呈贡县。

充和热爱昆曲,即便是在烽烟四起、颠沛流离的年月里,她依然保持着对艺术的执着追求。她的朋友很多,志同道合的昆曲爱好者也不少,大家经常聚在一起切磋曲艺,有弹琵琶的,有吹笛子的,有唱曲的,戏曲声宛若天籁,让人们暂时忘却了不远处纷飞的战火。

每到周末,西南联大的老师和学生们组成的曲社会到呈贡县来聚会。呈贡仿佛成了一座世外桃源,虽无都市的繁华,却自有一份与世无争的恬静与内涵。而才貌俱佳的充和犹如这桃源中的一朵幽兰,来访的客人都喜欢去找充和谈古论今。

当时充和与姐姐兆和、姐夫沈从文住在一处,沈从文租了一处房子,他们一家住在靠近花园的三间房里,充和住在对面的二楼上。二楼有六个房间,其中一个是佛堂,佛堂边上还连着一个很小的半间房,充和便住在这里。虽说是佛堂,但供桌上供着的不仅有佛祖和观世音菩萨的塑像,还有一尊孔子像和一尊耶稣像。这些是原来房子的主人留下的,可能是觉得求神灵庇佑时供多总比供少好。

　　这个房间非常僻静，在整所房子的后面，加之又是二楼，更像是桃源中的桃源。来客们很喜欢这里，当然，最主要的是喜欢这里的主人。

　　在昆曲中，笛子是最重要的乐器，一支曲子，几乎从头到尾都离不开笛子。充和擅长吹笛子，因此曲社的朋友们都喜欢到她那里去。

　　除了戏曲票友，诗人、书法家、学者们也喜欢这里。充和对笔墨纸砚等用品非常考究，即便手头紧张，在买笔墨纸砚时也一定要最好的。在物资匮乏的年月，她依然把生活过成了诗，只要心中有风月，荒漠里也能看到一片盎然生机。

　　充和把一块木板架在四个煤油桶上，这便是一个简易的书桌。"书桌"狭长，每当有朋友来访时，他们便在"书桌"上写字、画画，欢声笑语中透着无尽的惬意。

# 助 逃

在呈贡县的那段时间,充和雇了两个人来打理家务:一个是李嫂,是个年轻的寡妇,有一个年幼的儿子;另一个是刚满17岁的苗族姑娘。那个苗族姑娘给充和留下了深刻的印象,虽然只有17岁,但已嫁作他人妇。她家徒四壁,不仅如此,她的丈夫是个残疾人,夫家还经常虐待她,甚至让她出来赚钱养家。幸运的是,她遇上了一个好雇主。

充和与这个苗族姑娘相处得很好,两人不像主仆,更像是朋友。苗族姑娘爽朗大方,毫不扭捏。她经常与充和一起用餐,神态自然,充和非常欣赏她。她从不妄自菲薄,虽然家境贫寒,骨子里却有一股傲气。充和说:"她不会做出卑躬屈膝的样子,也没把自己看成下人,这和高干干她们很不一样。"

高干干是张家的保姆,虽然姐妹们视她如家人,但高干干心中的等级观念非常强，她觉得自己是下人，因此从不和主人同桌吃饭，无论大家怎么劝。她们在重庆的时候赶上高干干的生日，高干干给大家准备了一大桌子菜，到吃饭时，自己却说什么不肯上桌，然后退回到厨房去了。

苗族姑娘回来时，常常带着从别人田里拔来的野菜。在她看来，野菜是自然生长的，长在哪儿都可以，因此不专属于种菜人，谁都可以去采摘。她不呆板、不教条，与充和此前见过的仆人大有不同。

苗族姑娘和李嫂都不识字，充和有空时就教她们读书认字。李嫂很聪明，不到半小时就能学十几个字，但记得快，忘得也快；苗族姑娘学得较慢，往往要好几个小时才记住几个字，但是记忆深刻，一旦记住了，就不会忘。

苗族姑娘令充和钦佩，也令她惋惜。这样一个活泼伶俐的姑娘，却没有个好的归宿！住在充和楼上的是两个年轻的女人，她们都觉得苗族姑娘正值美好的年华，如果挣脱困境，去开始新的生活，还来得及。于是她们和充和为苗族姑娘设计了一个完美的逃跑计划，让她摆脱现在的夫家。

昆明是最理想的去处。大城市里车水马龙、人群熙攘，即便苗族姑娘的夫家即使知道她去了那儿，只怕也不愿意去寻她。而且对于她本人来说，在城市里更好安身立命，以后的生活会更好。

一场精心准备的逃跑行动开始了。当时只有几个人知道——这种事当然知道的人越少越好。按照计划,充和先送她出门,另两个朋友在半路上接应,三个人步行到呈贡火车站。她们没有雇车辆或者马匹,以免被别人发现。苗族女孩儿乘坐火车离开了呈贡县,奔向了全新的生活。没过多久,充和听说她和一个司机结婚了,并定居在昆明。

充和对苗族姑娘格外热心,但是对卞之琳却是非常冷淡。充和是个聪明而理智的女子,当她确定卞之琳不可以托付终身后,便不再给他任何希望。卞之琳刚到昆明,充和就去了重庆。而卞之琳又是犹豫了很久,1943年的寒假,才追到重庆去探望充和。这一次,充和正式而委婉地拒绝了他,并表示只能与他做朋友。

卞之琳心如刀割。他知道与充和再无可能了,只能将对她的爱,一笔一笔写成诗、写成信。后来充和与傅汉思结婚并去了美国,卞之琳只能在心里默默祝福这个让他爱了一生的女子。1953年的秋天,卞之琳去往浙江富阳农村参加农业合作化运动。无巧不巧,他入住的地方竟是充和曾经住过的闺房!而今燕去梁空、物是人非,卞之琳难过不已。回想过往历历在目,他在日记中写下了这段话:"秋夜枯坐原主人留下的空书桌前,偶翻空抽屉,赫然瞥见一束无人过问的字稿,取出一看,原来是沈尹默给张充和圈改的几首词稿。"卞之琳将手稿珍藏起来,直到1980年以中国文化亲善使者的身份前往美国,在与充和阔别了三十三年后,才终于将这份手稿完璧归赵。当时充和是耶鲁大学艺术系的兼职讲师,还没有办理退休手续。她对卞之琳的细心感动不已,因为她手头上只有沈尹默的信笺,而没有一篇诗稿,充和笑称他做了一件雪中送炭的美事。

2000年2月2日,90岁的卞之琳与世长辞。身在美国的充和听说后,特意托人为老朋友送了花圈。

爱而不得的遗憾,在诗人心中蔓延了一辈子。卞之琳说:"多疑使我缺乏自信,文弱使我抑制冲动。隐隐中我又在希望中预感到无望,预感到这只是开花不会结果。"这场开了花却没能结果的爱情,或许从一开始,就是一个美丽的错误。

# 华年为客尽，归去更相思

充和的追求者甚多，且不乏痴情者，除了诗人卞之琳，还有一位研究甲骨文和金文的方先生。方先生是二姐允和朋友戴婕的哥哥，充和在北大读书时，这位方先生经常去充和的公寓看望她。方先生是个很腼腆的人，他总是带本书过来，充和请他坐下，他不坐，请他喝茶，他也不喝，在心爱的女孩子面前，方先生显得非常害羞，只是站在充和房里看书。充和于是自去练习书法，两人各忙各的，几乎互不说话，完全不像是朋友的相聚。方先生虽然表面上看起来是在专心致志地看书，但内心的紧张与羞涩，只有他自己知道。

在那个年代，追求一个人，最好的方式当然是写信。羞涩的方先生也会给充和写信，然而当充和展开信笺时却惊呆了——那信从头到尾都是甲骨文！即便充和才高八斗，也没办法搞明白那信笺里写了些什么。渐渐地，充和从收到第一封甲骨文信时的惊讶变成了习惯。每次方先生写信都会写上好几页，充和只能苦笑："我相信一定写得很有文采，可是我看不懂。"

后来，充和因病回家，方先生的追求也只能到此为止。他给沈从文写信说，充和的离开，让他有"凤去台空"的感觉。

充和不急于结婚，对于爱情，她宁缺毋滥。如果爱情都要将就，那么这一生都很难生活得有质量。充和能够自食其力，在那个对的人出现之前洁身自好，未尝不是一种幸福。

充和离开呈贡县前往重庆，为重庆政府教育部新成立的礼乐馆工作。充和负责从《乐志》中挑选适合公共大典使用的乐章，并请作曲家为之作曲。充和对这些古典文化了然于心，她用了几个月的时间，编选出二十四篇乐章，并用漂亮的书法进行精心誊写。

之后是征求曲谱。作曲家们纷纷踊跃谱曲，很快，充和等人就收到了大量来稿。但是礼乐馆刚成立不久，人员较少，单是审阅稿件就花了很长时间。

无论工作有多忙碌，只要是发自内心地热爱着，就不会感到辛苦。充和很喜欢这份工作，无论是编选工作，还是审阅稿件，她都乐在其中。

当时充和的住处与办公室在同一栋楼里，在那个战事纷纭的年月里，生活还算安逸。她的社交范围很广，从商人到工程师、音乐家、小说家，以及诸多学者等。在这些人中，有很多是因昆曲结缘的。观看昆曲演出时，常有人赠诗给她，充和如果愿意回复，便会赠一首诗，友谊也就此结下。

充和与著名书法家沈尹默的师生情分也是结于此时。沈尹默祖籍浙江湖州，1883年生于陕西，早年曾留学日本，后来担任过北京大学教授、辅仁大学教授及校长。当时，书法界有"南沈北于"的美誉，其中"北于"为于右任，"南沈"即沈尹默。

沈尹默5岁时即师从一位70岁的老先生学诗，稍长几岁后又开始学习书法。他的父亲、祖父在书法上都有很深的造诣，墨雨书香，在他年少的时光里缓缓铺陈开来。15岁时，沈尹默的书法已经小有名气，常有客人慕名前来求字。

当充和认识沈尹默时，沈尹默已经年过花甲。充和久仰于心，于是向他请教书法。沈尹默当时表示，他不会给个人上课，但是可以让充和去看他写字，如果她愿意拿出作品来，他也愿意帮她指导和修改。

从此，充和每隔几个月就会乘坐一小时的公共汽车或搭车来到沈尹默家中，向老先生请教书法。沈尹默先生家在歌乐山区，由于日军加强了对重庆的空袭，当时很多政府机关也搬到了歌乐山区，这里相对安全，也很安静。老先生有起早临帖练字的习惯，而且经常一练就是好几个小时。经常有人慕名前来求字，因此他一天中的大部分时间都在为别人写字。

沈尹默平时除了写字,也喜欢写诗。充和经常把自己写的诗拿给沈尹默先生点评、修改,沈尹默先生也给充和写了不少诗。后来充和辗转万里远赴美国,那些诗稿都遗失了,所幸卞之琳无意间找到了一些手稿,后来访美时特意带给充和(见前文)。

随着来往次数增多,充和与沈尹默先生越发亲近。她称沈尹默先生为恩师,在他的影响下,充和也养成了每天起早临帖的习惯。起初,沈尹默先生客气地称充和为"充和女史",后来则改称"充和女弟"。能有这样聪明伶俐的女弟子,对于老先生来说,也未尝不是一种欣慰。

充和在这段时间也结识了著名学者章士钊。章士钊先生比沈尹默先生年长两岁。他曾任同济大学教授、北京大学教授、北京农业学校校长等要职,是著名学者、教育家、作家以及政治活动家。

章士钊也喜欢写诗,与充和多有唱和。有一次章士钊给充和写了一首诗,其中有两句是"文姬流落于谁事,十八胡笳只自怜"。章士钊钦佩充和的才华,更爱她的书法,于是在写诗时将她比作东汉末年的才女蔡文姬,并惋惜蔡文姬流落他乡。不过,这让充和有些不高兴,认为这个比方打得不好。蔡文姬年轻守寡,后来被匈奴掳走,并被南匈奴左贤王纳为王妃,还育有二子,后来曹操用一袋金币将蔡文姬赎回。蔡文姬的父亲蔡邕为一代名臣,更是饱学之士,家里曾有许多藏书,但后来几经辗转,或丢或毁,已无存。但蔡文姬却凭着过人的记忆力,将那些失传的书目默写四百多篇。章士钊将充和比作蔡文姬,当然是因为觉得她们有相似之处。她们都有着过人的才华,而且都流落异乡。不过充和并不认同,因为蔡文姬的流落匈奴,是被匈奴人掳掠,而自己来到重庆,则是为避战乱,而且她不必像蔡文姬那样被迫依附于男人,她可以自食其力。她有自己的生活,有自己的选择,而蔡文姬始终是被动的。

那时充和还在幻想着战争结束之后就回到家乡在养祖母留给她的土地上修建一座庄园,那将是她与朋友们的乐园。他们会在那里谈天说地、评古论今,在艺术的国度里挥毫泼墨,恣意挥洒。

然而世事难料。1945年抗日战争结束不久,充和回到家乡,看到的景象却与朝思暮想的家乡完全不同,那个记忆中的家乡,永远地留在了记忆里。她眼前所见的,已经是物非人亦非。

1946年的春天,充和在与曲友作别时填了一首《临江仙》:

三月嘉陵春似酒,一篙碧透玻璃。片帆欲挂柳依依。作年为客尽,归去更相思。

塞北江南何限地,经行总是凄迷。万红寂寞一莺啼(或为"罢莺啼")。莺啼如有泪,莫上(或为"休湿")最高枝。

那句"归去更相思"道出了她对家乡的复杂情感。未归时，心中所念所想皆有个期盼，但是归来后，那份念想反而被残酷的现实消磨殆尽。与其归来，还不如漂泊在外，心存一份期许。

# 傅汉思

1947年,充和与姐姐兆和一家住在一起。姐夫沈从文在北大任教,著名汉学家傅汉思与他相处甚好。傅汉思是德国人,1935年举家搬至美国加利福尼亚州,二战后受胡适邀请来到中国担任北京大学西班牙语系主任。

说起"傅汉思"这个名字,还是后来充和所起的。他原名"Fraumlnkel",去美国后改成了"Frankel",中文名为"傅汉斯",后来充和将"斯"改为"思"——"汉"意为"汉朝","思"则意为"思想"。

傅汉思精通英文、德文、法文,来到中国后,很快又学会了汉语——当然,这也是他接受邀请到中国来的一个重要目的。他对中国古典文化有着深刻的研究,尤其在中国诗歌研究上有着很深的造诣。美国1998年迪士尼动画电影《花木兰》中所呈现的《木兰诗》英文翻译，便是出自傅汉思之手。

沈从文一家住在中老胡同北大宿舍，充和住在靠边的一间屋子里。那一串宿舍是好几间相连的，然后连接一套厨房、客厅和厕所，个别的房间中有出去的门，但都是封死的，沈从文一家把那间靠边的房间给了充和，房间虽然不大，却是一个独门独户的单间，她可以自行出入。

傅汉思经常到沈从文家里做客。他钦佩沈从文的学识，更喜欢同沈从文交谈。沈从文的普通话不是很好，话语中总是带着湘西的口音。傅汉思毕竟是刚学汉语不久，常常有些听不懂的地方，这时候兆和便会耐心地帮丈夫用普通话复述一遍。傅汉思与沈从文一家上下都熟络起来，也非常喜欢沈龙朱、沈虎雏这两个孩子。但是渐渐地，他发现自己已深深地被沈从文那位秀外慧中的小姨子吸引了。

沈从文是过来人，很快便明白了傅汉思的来意。于是他常常为他们制造机会，傅汉思后来回忆说："过不久，沈从文以为我对充和比对他更感兴趣。从那以后，我到他家，他就不再多同我谈话了，马上就叫充和，让我们单独在一起。"

沈从文的小儿子虎雏看到四姨与傅汉思在一起，于是称傅汉思为"四姨傅伯伯"。这个称谓颇有创意，因为"傅"谐音"夫"，每当他看到傅汉思和四姨时，总是这样嚷着，也不知道是"四姨、傅伯伯"，还是"四姨夫、伯伯"。童言无忌，小家伙的这个称谓让大人们颇觉有趣。不过龙朱并没有跟着这样叫,那时他13岁,"我稍微大一点,也好像要稍微严肃一点了",长大后的沈龙朱如是说。

在沈龙朱的印象中,四姨"就是在我们家跟傅汉思恋爱的"。1948年5月,沈从文全家去天坛野餐,傅汉思也随同前往。沈从文谈起中国古代的艺术和建筑总是如数家珍,傅汉思听得如痴如醉。几天后是充和的生日,姐姐、姐夫为妹妹庆生,也特意请来了傅汉思。大家一起为小寿星祝福,一起吃长寿面。饭后大家一起做游戏,每个人要唱一首歌。

1948年的夏天,沈从文一家受杨振声邀请前往颐和园时,充和与傅汉思也去了。随着接触次数的增多,爱情也悄然来临。这场爱情来得水到渠成,两人虽然文化背景、个人经历相差巨大,但他们有着共同的爱好。

充和与姐姐一家住在颐和园的谐趣园后面的霁清轩中。霁清轩环境宜人,傅汉思曾这样描述:"那园子不大,却有丘有壑,一脉清溪从丘壑间潺潺流过。几处精致的楼阁亭舍,高高低低,散置在小丘和地面上,错落有致。几家人分住那些房舍,各得其所。"傅汉思与充和、沈从文一家人一起吃饭,也像充和一样称兆和"三姐",相处融洽,俨然是一家人。

经过这段时间的相处,充和与傅汉思的感情迅速升温。这一年,充和已经34岁,在那个年代,早已过了婚嫁的年龄。对待爱情,她向来是宁缺毋滥的,纵然追求者甚多,她也从未轻易许人。充和的等待是值得的,1948年的11月,这对甜蜜的恋人终于走进了婚姻的殿堂。

那时候北平正值解放前夕，大街上一片萧条，很多店铺都关门了。婚礼举办得很简单，参加婚礼的人只有14个，包括沈从文一家四口、充和的两个堂兄、牧师夫妇以及杨振声等几个亲近的朋友。由于傅汉思家属不在中国，因此杨振声临时充当了傅汉思家属的代表。这是一场中西合璧的婚礼，既有基督教的仪式，也有中式婚礼的特定环节。牧师站在小桌后宣讲基督教义和婚姻意义，新郎新娘站在小桌前虔诚地听。但是他们取消了牧师问答的环节，代之以中式的新郎新娘在结婚证书上盖章，来表示夫妻二人坚定的意愿。

典礼结束后，大家开始吃蛋糕。沈从文的小儿子虎雏非常爱吃，还说："四姨，我希望你能天天结婚，让我天天有蛋糕吃。"童言无忌，小家伙的一番话惹得大家哈哈大笑。

彼时政治形势日益严峻，充和与傅汉思结婚后便准备去美国定居。

结婚后"回娘家"是必不可少的环节，当时充和与傅汉思从北平转至青岛，带着用人小侉奶奶从青岛回到苏州九如巷的家。

张家上上下下已经知道四小姐嫁了个洋人先生，一家人都不太放心，尤其对充和随洋人先生远行赴美，更多了一份担忧。为了试探傅汉思，张家特意准备了一顿特别的饭——粉丝汤。吃粉丝汤必须用筷子，他们想看看这位洋人先生对中国的适应程度怎么样。不过，傅汉思顺利通关——他娴熟地拿着筷子吃了起来，只是吃相不大好看，他把粉丝夹起很高，然后从下面吃到嘴里去。他的汉语已经非常流利，与张家人交流毫无障碍。他性格开朗，和大家侃侃而谈，很快就赢得了张家人的好感。

离开家后，充和与傅汉思从上海码头漂洋过海去了美国，这一别，就是整整三十年。直到1978年，充和才再次回到熟悉的故土，那时，她已是年逾花甲的老人。

1948年的充和一定不会预料到后来发生的种种事情，她是个有勇气的女子，为了爱情，可以义无反顾地去一个全然陌生的地方。多年以后，充和想起章士钊先生曾在诗歌中将她比作蔡文姬，不禁自嘲道："对了，我是嫁了个胡人。"

临行前，充和将很多东西提前邮寄到美国，乘坐客轮时随身只带了一只小箱子，箱子里整齐地叠放着几件换洗的衣物，还有一方朋友赠送的古砚、几支她最爱的毛笔以及一盒有着五百多年历史的古墨。在抗日战争爆发时，充和曾将那盒古墨保存在上海银行的保险箱里，经过八年的战火烽烟，那盒古墨依然保存完好。

夫妻俩顺利抵达美国。一切安顿好后，傅汉思又攻读了中国文学，后来受聘耶鲁大学，在那里教授中国诗词，充和则在耶鲁大学美术学院教授中国书法。

在以后的漫长岁月中，他们夫唱妇随，生活平静而美好。

他们住在北港，充和在住宅后面的一片园地上栽种了很多花木，有牡丹花、玫瑰花，还有黄瓜、葫芦、梨树，甚至还种了一片竹林，并放置了一张长木椅。有时候会有松鼠在枝叶间跳跃，她将这个精致的世界写进诗里，用凝练的语言将其镌刻成永恒：

游倦仍归天一方，坐枝松鼠点头忙。
松球满地任君取，但借清阴一霎凉。

充和动手能力很强，在美国有很多买不到的东西，她便自己动手去做。她心灵手巧，衣服、帽子之类都会自己动手去做。甚至连昆曲中必不可少的乐器——笛子，她也能用自己小园中生长的竹子做出来。因为在美国买不到笛子，而她在多所大学教授昆曲，有了笛子才能更好地教学。她还曾将自己亲手制作的笛子作为礼物送给朋友，时至今日，竹笛仍在。

充和不会料到大洋彼岸的亲人们即将遭遇厄运。四姐妹各自成家，都有了自己的归属，芳华一去不返。但无论怎样，她们始终生活得温婉精致，任凭岁月的风霜覆上鬓角，她们依然洒脱明媚，笑靥如初。

# 第六章

## 美人迟暮 最后的才女

## 再见已白头

时光流转,青丝覆霜华。大小姐元和与丈夫顾传玠去了台湾,1965年,顾传玠去世,后来元和也去了美国。而二小姐允和与三小姐兆和都在北京,两人还能时常见面。一封封书信飞渡太平洋,小小的纸张里,承载着无限的思念。

1973年年初,允和几乎同时收到了大姐元和与四妹充和的信,看着熟悉的字迹,想到这些年的人世浮沉,她感慨万千,于是提起笔,写下了这首《寄大姐四妹》:

> 云水关山万里间,梦魂飞越海天边。
> 望断秋水肠堪断,长夜相似枕月眠。
> 棠棣花开满院香,炉边携手话离肠。
> 梦里相逢不说梦,肯负夏月共秋光。

诗句是最凝练的文字，她们喜欢用诗句去传达对彼此的思念与祝福。1976年，在允和的丈夫周有光70岁寿辰之际，充和特意寄回一首祝寿诗：

古道古稀今不稀，君家代代有期颐。
青松常见双连理，多著新书多作诗。
盐铁均衡盖世允，语文同异乐承平。
无分巨细惟同力，一体春耕秋获成。
当时沪上红衣使，今日球西白发人。
三世清才诚可庆，《佳期》再唱满园春。

不能相见，只能凭字传情。分别的那些年，她们彼此思念着，也彼此祝福着。大洋彼岸是故乡，随着时光的流逝，充和对家乡的思念日益浓烈。她一直保持着写书法和诗歌创作的习惯，许多缱绻乡愁，都只能融入墨香，让思念在小小的纸张间穿越万里。

1978年，已经64岁的充和终于等到了回乡探亲的机会。一别三十年，故乡已经变了模样，有人出生，有人长大，也有人去世。还好，四姐妹身体都还安康。

回乡之前，充和反而踌躇起来。不知家乡现在是怎样的境况？不知那些熟悉的人，是否还是旧容颜？万千感慨中，她写了一首诗：

> 愁路远，记当初。眼前事事总模糊。
>
> 年年归梦扶清影，及到归时梦待扶。

彼时充和心中应是百味杂陈，当年义无反顾地与傅汉思离开祖国，从未想到竟会时隔三十年才回到这片热土。

充和喜欢吃红烧塘鳢鱼、清蒸太湖白鱼、油爆虾、油炸锅巴、臭豆腐等菜品，五弟媳周孝华是将领的后人，是个很要强的姑娘。为了给四姐接风，她一个人跑了七八个菜市场去抢购菜，然后又精心烹饪，热情款待四姐以及南来北往的亲朋好友。

时隔三十年再见面，允和与充和紧紧拥抱在一起。两人都已经是年逾花甲的老人，允和看到四妹肤色依然偏黑，脱口而出："小四黑子，你怎么还这么黑呀？"

那一刻，她们仿佛又回到了多年前美好的少女时代。

回家之前，充和曾一再告诉家里人不要吃鸡肉，家里人都很奇怪。原来，充和这些年在美国吃过太多鸡肉，而且那些鸡都是快速养出来的肉鸡，肉质疏松，味同嚼蜡。于是家里特意为她准备了地产土鸡，并进行了精心的炖制。充和已经三十年没有吃到这样地道的家乡菜，连连称赞"好吃"。

这世界可以沧海变桑田，但人间真情却是永远不会变的。亲情是与生俱来的温暖，任凭时空变换，永远不会褪色。

# 岁月斑驳，寸心未老

四姐妹一生葆有的优雅气质，或许是在从小学习昆曲时形成的。颠沛流离的岁月里，许多东西，她们不得不放下，甚至在特殊年代，昆曲也曾遭遇过禁令。不过，她们始终保持着对昆曲的热爱，对于她们来说，昆曲不仅仅是一种高雅的娱乐，更是一种生活，一种艺术形式。

1979年，在允和70岁生日之际，丈夫周有光送给她一套《汤显祖全集》。这份礼物令允和非常开心，她说："这一年《牡丹亭》近三百八十岁了，我从不大识字就'读'起，至今对《牡丹亭》百读不厌。"

四姐妹对昆曲的热爱也对很多人产生了带动作用。昆曲式微，幸好有那些热爱昆曲的人一直在致力于昆曲的传承。1978年的春天，江苏省昆剧院在南京成立，第一天演出时，允和便坐在小剧场第八排的一个位置上。

当舞台上的演员唱出"梦回莺啭"（《游园》第一句）时，允和眼前依稀浮现出多年前和姐妹们玩耍时的场景。父亲不喜欢她们玩赌博的游戏，于是让她们学习昆曲。她忆起了学唱《游园》时的场景，忆起了尤彩云老师优雅的唱腔与身段。多年前的记忆如同开闸的洪水扑面而来，而岁月已逝，大家再也回不到从前了。不过，终于能听昆曲、唱昆曲了，这毕竟是一件令人欣慰的事。

有一次，允和在南京看昆曲，她坐在第三排下场角，左侧是俞振飞先生，右侧是项馨吾先生。当戏台上演出《浣纱记》的《寄子》一折时，允和忽然发现旁边的项馨吾先生已经泣不成声。允和吓了一跳，赶紧询问原因。那时项馨吾先生刚从美国回来，他抽噎着说："我去美国，把儿子斯伦寄在上海三十年，三十年！"《浣纱记》是昆曲中著名的剧目，讲述了忠心耿耿的伍子胥冒着灭族的危险死谏吴王并把儿子寄养在齐国大夫鲍叔家的故事。戏台上的演员表演得很精彩，将伍子胥与儿子分别时的种种不舍、矛盾、无奈与难过表演得淋漓尽致，项馨吾先生难免感怀自身。允和握着他的手安慰他，而老先生的眼泪依然不停地落下，也沾湿了她的手。戏台上伍子胥的儿子晕倒后苏醒，却不见父亲，于是哭喊："爹爹在哪里？"那样感人的表演令在场的人纷纷落泪。

岁月从不败美人。四姐妹一生热爱昆曲，美了一辈子，也优雅了一辈子。当时光在她们的面颊上留下痕迹,她们却为那些时光镀上了一层优雅的色彩。1984年,元和与充和都已定居在美国,允和曾去元和在奥克兰的家中小住了几个星期。8月1日是戏剧节,已经77岁的大姐元和慢条斯理地为妹妹允和化了妆,然后拍了《游园》《剔银灯》等戏的身段。那样温馨的场景,在很多年以前不知有过多少次。所谓"长姐如母",在母亲陆英去世后,大姐元和便一直在努力地照顾着妹妹、弟弟。当年允和出嫁能获得两千元的嫁妆,大姐元和功不可没。

快门闪动,为我们留下了那几个精彩的瞬间。一转眼三十多年,如今斯人已逝,而她们姣好的容颜与优雅的身姿,却在那些黑白胶片上永远定格,穿越漫长的岁月,如花笑靥、鬓影衣香一如当年。

# 永远的四姐妹

夕阳无限好,只是近黄昏。当姐妹们步入老年,虽有"朱颜辞镜花辞树"的遗憾,但她们所呈现出的优雅,却足以抵消这份遗憾。年轻的容颜是美,优雅地老去更是一种可以战胜岁月的美。

从孩提时,到少女时,至为人妻、为人母,乃至祖母、太祖母,在漫长的岁月里,四姐妹经历了许许多多或繁华或苍凉的故事,变换的岁月里唯一不曾变过的,是那颗温热如初的心。

时代的列车呼啸而过,在20世纪90年代,我国科技文化也在飞速发展。1995年的2月,允和忽然想起家中那台闲置的打字机,于是86岁高龄的她又学起了电脑打字。允和在《八十六岁学电脑》中这样写道:"人们说,现代青年应该学电脑。我要说，我们老年人也应该有能力、有志气'玩'电脑。小孩儿玩电子游戏机，老头儿、老奶奶不妨也把电脑打字当作游戏。"在允和看来，学习是一种乐事，丈夫周有光能够潜心钻研，在学术上创造一座又一座高峰，与她这位贤内助是密不可分的。

多年以前，当姐妹们还住在苏州九如巷时，张家曾办过一个家族刊物《水》。1995年，允和率先提议：将《水》继续办下去。

允和给兄弟姐妹们写了一封信，号召大家写一写关于父亲张冀牖的回忆录，也写一写自己、配偶、子女甚至孙子、重孙子等家人的事，家中曾请过的教书先生、保姆、门房等也可以写进来。她说："我想用司马迁的体裁写，写一篇叫《保姆列传》。各人写各人熟悉的人和事。"随同这封信寄出的，还有允和自己写的三篇短文《本来没有我》《看不见的背影》《王觉悟闹学》，希望姐妹兄弟们以此为参考。

1996年，《水》成功复刊。

允和为《水》写了复刊词，其中提到沈从文曾说过的一段话："水的德性为兼容并包，从不排斥拒绝不同方式，侵入生命的任何离奇不经事物，却也从不受它的影响。水的性格似乎特别脆弱，极容易就范。其实，则柔弱中有强韧，如集中一点，即涓涓细流，却滴水穿石，无坚不摧。"

这是对《水》最好的诠释。滴水成渊，细水长流，四姐妹的人生，也如流水一般，清澈澄明，温柔中自有力量。

在允和的号召下，姐妹兄弟们都纷纷写起过往的岁月，于是有了《大弟新娘俏》《我到苏州来》《我的奶妈同陈干干》等一系列或妙趣横生或感人肺腑的文章，也为后人留下了珍贵的文字资料。纵然时光流转，透过那些文字，她们的喜怒哀乐依然触手可及。

昆曲婉转，笛声悠扬，人生的舞台终要落幕。

千禧年后，四姐妹已是跨世纪的老人。2002年8月14日，二小姐允和因心脏病去世，享年93岁。仅在半年之后，2003年2月16日晚，三小姐兆和也因病在北京去世，享年也是93岁。又是半年，2003年9月27日，大小姐元和病逝于美国，享年96岁。

三姐妹去世的时间如此接近，令人叹惋不已。幼年时，三姐妹一处玩耍、一处读书，虽然长大成家后天各一方，甚至在很长一段时间里连见面都成了奢侈，但姐妹之间的骨血亲情始终深厚如初。她们是血浓于水的姐妹，是同甘共苦的朋友，更是心心相印的知己。或许，死亡并不可怕，可怕的是让生者直面至亲的死亡，自己却无能为力。对于充和来说，2002年和2003年是最痛苦的两年，除了三个姐姐先后离她而去外，丈夫傅汉思也于2003年去世。

傅汉思去世主要因为两次医疗事故。据五弟张寰和回忆，"一次是开刀开坏了，还有一次是药给错了。他们是相信美国的医疗，实际上咱们国内的医疗要好一些的。"不过，时年89岁的充和并没有因此一蹶不振。她依然活跃于文坛及艺坛，在海内外多次举办书画展等活动。她认真地年轻过，优雅地老去了，这一生的时光寸寸充实，从未虚度。2015年6月18日凌晨1点，被誉为"最后的才女"的张充和在美国去世，享年102岁。2017年1月14日凌晨，允和的丈夫周有光也与世长辞，享年112岁。

至此，四姐妹的故事彻底成了隽永岁月里的杳杳香痕，但那些娟秀的书法、精彩的诗篇以及一张张明媚动人的黑白照片，却在光阴的罅隙里证明着她们曾经来过。就像四朵馥郁袅娜的花，用最美好的盛放，精彩了自己的岁月，也惊艳了万古。

# 后记

充和有联云:"十分冷淡存知己,一曲微茫度此生。"四姐妹的人生宛若四支悠扬婉转的昆曲,起起伏伏,每一个旋律都写满精致典雅。

她们从烟雨时期款款走来,既带着中国传统才女的特质,又洋溢着新时代女性的独立与洒脱。她们经历了中国历史上最惊心动魄的岁月,从烽烟战火,到繁华盛世,这人世间的阴晴冷暖,她们几乎都尝遍。

四姐妹性格迥异,每个人都活出了属于自己的风韵与精彩。

父亲张冀牗为女儿们取的名字里都有一双"腿",因为女儿总是要走出家门的。但令他始料未及的是,四个女儿竟几经漂泊,仿佛"元、允、兆、充"四个字早已暗示了这一生的流转。

不过无论走到哪里，四姐妹终究用自己的双脚走出了属于自己的精彩人生。她们都嫁给了爱情，都与丈夫相扶相携，过着美好的人生。元和嫁给昆曲艺术家顾传玠，两人夫唱妇随，彼此是夫妻，也是知音；允和嫁给语言学家周有光，纵然物质条件匮乏，也要与心爱的人一起创造幸福；兆和嫁给了一代文豪沈从文，一起看过岁月的灵山秀水，也一同经历过人世的风刀霜剑，虽有波折，但终得圆满；充和嫁给了德裔美国籍犹太人、著名汉学家傅汉思，为了爱情义无反顾地离开熟悉的故土，远赴美国，在海外开辟了一片崭新的天地，也将昆曲、书法等中国元素传播开来。她们的幸福是自己争取的，就像四朵清丽优雅的花，在绽放自我的同时，也令身边人闻香欲醉。

有人羡慕她们的家世，有人羡慕她们的事业，有人羡慕她们的才华，也有人羡慕她们保持了一生的优雅，但却鲜有人看到她们万丈荣光背后的勤苦与努力。元和嫁给顾传玠时，曾遭遇了多少流言与压力？允和嫁给周有光时，将"活不过35岁"的可怕预言视作空气，需要怎样的勇气与魄力？兆和嫁给沈从文后曾一度经济拮据，在沈从文患上抑郁症的那段时间里，她一个人扛起了家庭的重担该是怎样的坚韧与顽强？充和离家万里，在夜深人静时、风雨满园时，有多少次想起大洋彼岸的故乡，想起那些三十年不得相见的亲人？

唯有不懈地努力，才配得上更好的自己。

每个人都有自己的人生轨迹，四姐妹的故事只属于她们自己，任兔走乌飞、岁月流转，她们始终是这莽莽红尘里不可复刻的传奇。

## 附：四姐妹年表

**张元和**

  1907年　11月26日　出生

  1918年　张家从上海搬至苏州

  1921年秋　陆英去世

  1921年　乐益女中建校

  1923年　继母韦均一嫁入张家

  1931年　大学毕业

  1931—1935年　在海霞中学工作

  1936年　昆山救火会义演

  1938年10月13日　张冀牖去世

  1939年4月21日　张元和与顾传玠结婚

  1965年　顾传玠去世，终年56岁，不久后张元和迁居美国

2003年9月27日　病逝于美国，享年96岁

# 张允和

1909年7月25日　出生

1929年　就读中国公学

1930年　转至光华大学

1933年　张允和与周有光结婚

1934年　儿子晓平出生

1938年　居重庆

1941年　女儿小禾病逝

1943年　至西安

1944年　偶遇好友阮咏莲

1946年　偶遇好友徐素英

1952年　失去了在人民教育出版社的编辑工作

1956—1964年　担任北京昆曲研习社联络组组长

1968年　遭遇批斗

1984年　去美国探望张元和、张充和

1995年　学习电脑打字

1996年　《水》复刊并担任主编

2002年8月14日　因心脏病去世，享年93岁

2017年1月14日　周有光去世，享年112岁

## 张兆和

1910年9月15日　出生

1932年夏　沈从文初次拜访苏州九如巷张家

1933年9月9日　与沈从文结婚

1934年11月20日　沈龙朱出生

1937年5月31日　沈虎雏出生

1938年　至昆明

1946年　至北京

1948年夏　前往颐和园度假

1949年　沈从文患上抑郁症，自杀获救

1969年　被下放湖北咸宁，不久后沈从文也被下放

1972年　张、沈回到北京

1987年　沈从文获得诺贝尔文学奖提名

1988年5月10日　沈从文去世，享年86岁

1995年　整理出版了沈从文的信件《从文家书》

2003年2月16日晚　因病在北京去世，享年93岁

## 张充和

1914年5月0日（一说1913年农历四月十二）出生

1933年　考入北大

1936年　卞之琳去苏州九如巷探望张充和

1938年　至昆明

1940年　至重庆

1945年　回到苏州

1947年　与三姐兆和一家居北京

1948年　与傅汉思结婚，不久后迁居美国

1978年　回国探亲

2003年　傅汉思去世，享年86岁

2015年6月18日　病逝于美国，享年102岁